환경에 마음을 쓰는 중 -

글 홍세영 | 그림 나유진

길벗스쿨

27가지 일상에서 시작하는 환경 문해력
환경에 마음을 쓰는 중

초판 발행 · 2024년 12월 31일

글 · 홍세영 | **그림** · 나유진
발행인 · 이종원
발행처 · 길벗스쿨
출판사 등록일 · 2006년 6월 16일
주소 · 서울시 마포구 월드컵로 10길 56(서교동)
대표 전화 · 02)332-0931 | **팩스** · 02)323-0586
홈페이지 · www.gilbutschool.co.kr | **이메일** · gilbut@gilbut.co.kr

기획 및 책임편집 · 안윤주(anyj@gilbut.co.kr) | **표지 · 본문 디자인** · 최주연 | **제작** · 이준호, 손일순, 이진혁
마케팅 · 이지민 | **유통혁신** · 진창섭 | **영업관리** · 정경화 | **독자지원** · 윤정아

교정교열 · 황진주 | **전산편집** · 도설아
CTP 출력 및 인쇄 · 상지사 | **제본** · 상지사

- 이 책은 저작권법의 보호를 받는 저작물로 이 책에 실린 모든 내용, 디자인, 이미지, 편집 구성은 허락 없이 복제하거나 다른 매체에 옮겨 실을 수 없습니다.
- 인공지능(AI) 기술 또는 시스템을 훈련하기 위해 이 책의 전체 내용은 물론 일부 문장도 사용하는 것을 금지합니다.
- 잘못 만든 책은 구입한 서점에서 바꿔 드립니다.

ⓒ 홍세영, 나유진, 2024

ISBN 979-11-6406-878-4 73400
(길벗도서번호 600010)

정가 16,700원

독자의 1초를 아껴주는 정성 길벗출판사

(주)도서출판 길벗 | IT단행본, 성인어학, 교과서, 수험서, 경제경영, 교양, 자녀교육, 취미실용
길벗스쿨 | 국어학습, 수학학습, 주니어어학, 어린이단행본, 학습단행본

"나도 지구를 위해
무언가를 할 수 있다."

우리 반 친구의 일기장에 적힌 이 문장을 보고, 초등학교 선생님으로서 그동안 아이들과 수업 시간에 나눈 수많은 환경 이야기와 활동이 머릿속을 스쳐 지나갔어요. 기후 위기 시대에 사는 북극곰에게 미안한 마음을 담아 편지를 쓰고, 환경을 지키기 위해 친환경 용품을 만들기도 했지요. 하지만 그것도 잠시일 뿐, 시간이 지나면 다시 익숙한 일상으로 돌아와 원래대로 생활하는 모습들을 보았어요.

**매일매일
우리가 살아갈 세상과 나누는 대화**

그래서 '지구의 날'과 같은 특별한 날에만 환경 이야기를 하는 것이 아니라, 아이들의 학교생활 중에 조금씩 꾸준히 '환경 잔소리'를 하기 시작했어요. 불을 켤 때, 화장실에 갈 때, 급식을 먹을 때 등 환경과 관련된 상황이 생길 때마다 환경 이야기를 자주 꺼내어 어떤 마음이나 느낌, 생각이 드는지 대화를 나누었어요. 공부하라는 잔소리가 아니라 우리가 살아갈 세상에 대한 이야기를 나누니 아이들은 꽤 진지하게 들으며 자신의 목소리도 내었어요. 그렇게 저와 아이들은 '세상을 보는 눈'을 키워 왔어요.

더 자주, 더 많이
환경에 마음을 쓸 수 있도록

  이 책을 고르고 펼친 여러분은 지구 환경에 관심이 있을 거라 짐작해요. 어쩌면 이미 환경 책들도 많이 읽어서 지식이 많이 쌓였을지도 몰라요. 그러나 책 속에 있는 물, 에너지, 자원 순환과 같은 '주제별' 지식들을 실생활에 적용하여 '실천'하기는 쉽지 않죠. 그래서 이 책에서는 요리할 때, 이동할 때, 스마트폰을 사용할 때와 같이 일상생활 속에서 매일 직접 겪을 법한 '상황별'로 환경 이야기들을 모아 담았어요. 단순히 환경 문제와 해결 방법을 아는 것에 그치지 않고, 책과 비슷한 상황에서 환경에 대해 여러 관점으로 생각하고 좀더 친환경적인 행동을 하기 바라는 마음으로 이 책을 썼어요.

  저는 초등학교 5학년 때 우연히 쓴 '환경 일기장'을 지금도 간직하고 있어요. 환경 일기장에는 짜장면을 배달시켜 먹은 일, 가족들과 대청소한 일, 구멍난 양말을 꿰매어 아껴 신은 일, 분리배출을 한 일 등 지금과 크게 다르지 않은 생활 모습들이 쓰여 있어요. 환경 일기를 통해 주변 환경에 관심을 기울이다 보니 그때부터 환경을 생각하는 마음이 커진 것 같아요. 그 마음이 '환경운동가'를 꿈꾸게 하였고, 지금까지도 저의 생활에 영향을 미치고 있답니다.

환경 감수성을 높여주는
일상의 실천

  이 책에서는 새롭게 알게 된 '환경 지식'이 일상에서 누구나 할 수 있는 '환경 실천'으로 이어질 수 있도록, 여러분과 함께 질문을 주고받고 싶었어요. 그래서 책 속 27가지 상황을 다양한 관점으로 읽으면서 환경 문제에 대한 비판적인 사고와 창의적인 문제 해결력을 기를 수 있게 구성하였어요. 먼저, 책에서 들려주는 환경 이야기를 읽기 전에 나의 경험과 생활을 되돌아보는 구성으로 시작해요. 글을 읽고 나서는 나의 마음과 기분은 어떤지 들여다보고, 깊이 있게 생각해 보는 시간을 가질 수 있어요. 정답은 없으니 내 기분과 생각을 '내 생각 쓰기'에 마음껏 적어 보세요.

  이제 저와 함께 환경을 생각하는 마음을 읽고 나만의 환경 일기장에 써 볼까요?

지은이 홍세영

이렇게 읽어 보세요

그림으로 보는   일상에서 만날 수 있는 상황에서 환경에 대해 생각해 볼 경우를 그림으로 살펴봐요.

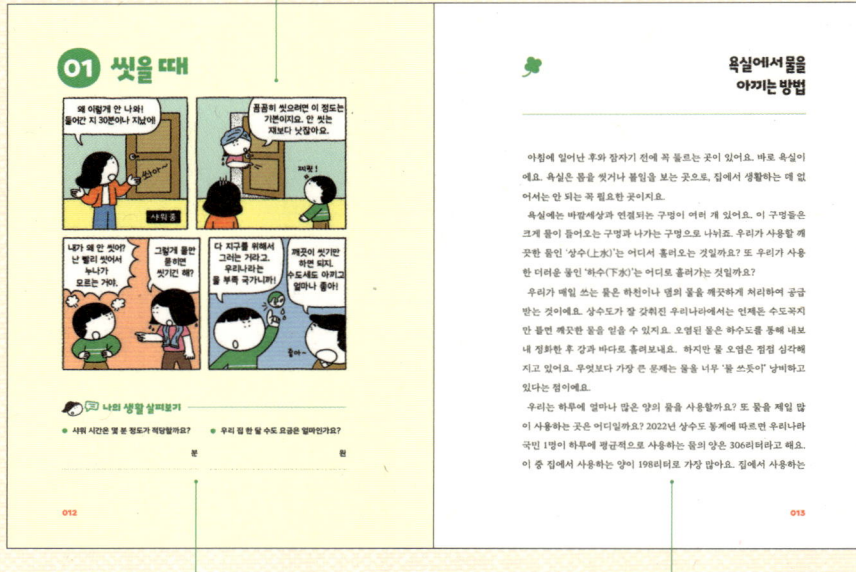

나의 생활 살펴보기
나의 생활을 살펴보고 경험을 떠올리며 질문에 답해보세요.

환경 이야기
일상에서 만날 수 있는 환경 이야기를 읽어 보아요.

🔍 환경 감수성 들여다보기
환경에 대해 공감하는 태도를 알아보고 나의 마음을 찾아 ○표 해 보세요.

✏️ 내 생각 쓰기
앞서 읽은 환경 이야기에 관한 내 생각이나 의견을 간략히 적어 보세요.

🌱 더 알아보기
알아두면 좋은 환경 관련 어휘나 이슈들을 간략히 소개해요.

🍀 함께 실천할 수 있어요!
생활 속에서 환경 보호를 위해 실천할 수 있는 방법을 배워요.

★ 기억에 남는 단어
앞서 읽은 환경 이야기에 나온 단어 중에서 기억에 남는 단어에 표시해요. 부록에서 환경 문장을 만들어보며 다시 한 번 의미를 되새겨요.

007

 **이런 이야기를 읽어 보세요**

🍀 자주 만나는 생활

01 씻을 때	··· 012	08 화장품을 쓰고 버릴 때	··· 040
02 요리할 때	··· 016	09 산책할 때	··· 044
03 주방에서	··· 020	10 공원이나 숲에서	··· 048
04 간식을 먹을 때	··· 024	11 카페에서	··· 052
05 청소할 때	··· 028	12 마트에서	··· 056
06 빨래할 때	··· 032	13 식당에서	··· 060
07 화장품을 바를 때	··· 036	14 이동할 때	··· 064

🍀 종종 만나는 생활

15	동물원에서	··· 070
16	스마트폰을 살 때	··· 074
17	스마트폰을 사용할 때	··· 078
18	기념품이나 굿즈를 살 때	··· 082
19	장래 희망이 고민일 때	··· 086
20	독서할 때	··· 090
21	이사할 때	··· 094
22	축제에서	··· 098
23	운동할 때	··· 102
24	배달음식을 먹을 때	··· 106
25	여행갈 때	··· 110
26	옷을 살 때	··· 114
27	계절이 바뀔 때	··· 118

부록

1	환경 문해력 키우기	··· 124
2	환경 일기 쓰기	··· 140
3	환경 감수성 들여다보기	··· 143
4	매일 환경 실천표	··· 144

자주 만나는 생활

01 씻을 때

나의 생활 살펴보기

● 샤워 시간은 몇 분 정도가 적당할까요?

분

● 우리 집 한 달 수도 요금은 얼마인가요?

원

욕실에서 물을 아끼는 방법

아침에 일어난 후와 잠자기 전에 꼭 들르는 곳이 있어요. 바로 욕실이에요. 욕실은 몸을 씻거나 볼일을 보는 곳으로, 집에서 생활하는 데 없어서는 안 되는 꼭 필요한 곳이지요.

욕실에는 바깥세상과 연결되는 구멍이 여러 개 있어요. 이 구멍들은 크게 물이 들어오는 구멍과 나가는 구멍으로 나뉘죠. 우리가 사용할 깨끗한 물인 '상수(上水)'는 어디서 흘러오는 것일까요? 또 우리가 사용한 더러운 물인 '하수(下水)'는 어디로 흘러가는 것일까요?

우리가 매일 쓰는 물은 하천이나 댐의 물을 깨끗하게 처리하여 공급받는 것이에요. 상수도가 잘 갖춰진 우리나라에서는 언제든 수도꼭지만 틀면 깨끗한 물을 얻을 수 있지요. 오염된 물은 하수도를 통해 내보내 정화한 후 강과 바다로 흘려보내요. 하지만 물 오염은 점점 심각해지고 있어요. 무엇보다 가장 큰 문제는 물을 너무 '물 쓰듯이' 낭비하고 있다는 점이에요.

우리는 하루에 얼마나 많은 양의 물을 사용할까요? 또 물을 제일 많이 사용하는 곳은 어디일까요? 2022년 상수도 통계에 따르면 우리나라 국민 1명이 하루에 평균적으로 사용하는 물의 양은 306리터라고 해요. 이 중 집에서 사용하는 양이 198리터로 가장 많아요. 집에서 사용하는 물의 절반 이상을 욕실에서 사용하며, 그중 대부분은 변기를 사용할 때 써요. 집에서 사용하는 변기는 물을 한 번 내릴 때마다 13리터 정도 사용해요.

다음으로 욕실에서 물을 많이 사용하는 샤워 시간이에요. 5분간 물을 계속 틀고 샤워를 하면 보통 60리터 정도의 물을 사용해요. 그런데 많은 사람들이 5분은커녕 몇십 분 동안 물을 계속 틀어놓고 샤워를 하죠. 샤워할 때 물을 아끼려면 거품을 씻어낼 때만 물을 틀어 사용하고 최대한 빠르게 샤워를 끝내는 것이 중요해요. 전문가들도 피부 건강을 위해 샤워를 너무 자주 하지 말고, 미지근한 물로 10분 이내에 샤워를 마치도록 권장해요. 여러분도 오늘은 우리 집 욕실을 점검하고 쾌속 샤워에 도전해 보세요.

환경 감수성 들여다보기 · 만약 일상에서 오염된 물을 마시고 사용해야 한다면 어떤 마음일까요?
· ○표 해 보세요.

> 불편함   원망스러움   미안함   고통스러움   찝찝함

> 🔍 **더 알아보기** | **지구에 물이 부족하다고 하는 이유**
>
> 지구 표면의 70%가 물로 덮여 있는데 왜 물이 부족할까요? 지구상에 있는 물의 97.5%는 우리가 직접 이용할 수 없는 바닷물(해수)입니다. 나머지 2.5%만이 짜지 않은 물, 즉 민물(담수)인데 이마저도 대부분은 우리가 직접 이용할 수 없는 빙하와 눈으로 존재합니다. 우리가 비교적 쉽게 이용할 수 있는 호수, 하천, 지하수의 물의 양은 전체의 1%도 안 됩니다. 이런 이유로 우리가 사는 지구에 엄청나게 많은 양의 물이 있음에도 전 세계 인구의 25%는 여전히 물 부족으로 고통 받고 있습니다.

내 생각 쓰기

- 2023년 글로벌 물 전문 조사 기관(GWI)에 따르면 주요 국가의 평균 수도 요금은 1톤(㎥)당 1,928원이며, 우리나라는 748원(전체 평균의 39% 수준)으로 저렴한 편이에요. 우리나라와 비교하여 영국은 4.56배, 미국 3.73배, 일본 1.64배, 중국 0.6배의 수도 요금을 낸다고 해요.
물을 아껴 쓰도록 하기 위해 수도 요금을 인상하는 것에 찬성 또는 반대 의견을 써 보세요.

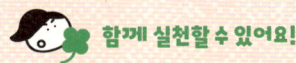 함께 실천할 수 있어요!

내 피부와 환경을 위해 샴푸나 비누도 천연 원료 성분으로 만든 제품을 이용해요.

샤워를 빨리 마치기 어렵다면 절수형 샤워기를 사용해 물을 아껴 써요.

★ 기억에 남는 단어를 찾아 ○표 해 보세요.

상수   하수   물 부족   낭비   절수

015

02 요리할 때

 나의 생활 살펴보기

- 우리 집 식품들은 주로 어디에 보관하고 있나요?

- 유통기한이 지난 음식은 어떻게 처리하나요?

음식물 쓰레기를 줄이는 효과적인 방법

어떤 식재료가 들어 있는지 모를 정도로 가득 차 있는 냉장고를 보니 '냉장고 파먹기'를 할 때가 된 것 같아요. 냉장고 파먹기는 냉장고 속에 보관하고 있던 재료를 활용해 음식을 만들어 먹는다는 말로, 식비를 아끼자는 경제적인 의미로 쓰이기 시작했어요. 냉장고 속 식재료를 알뜰하게 모두 사용하여 음식물 쓰레기를 줄일 수 있어 환경 보호에도 도움이 되지요.

그렇다면 우리나라에서 하루 동안 배출되는 음식물 쓰레기의 양은 어느 정도일까요? 음식물 쓰레기 봉투에 분리배출되는 양만 약 15,000톤으로, 일반 쓰레기 봉투에 섞어서 버리는 양과 가공식품을 생산하는 과정에서 발생하는 양까지 모두 합하면 하루 20,000톤이 넘는 음식물 쓰레기가 발생한다고 해요.

사람들은 음식물 쓰레기를 줄이기 위해 생활 속에서 다양한 방법을 실천하고 있어요. 우선 음식을 남김없이 다 먹는 것이 중요해요. 하지만 이것만이 해결 방법은 아니에요. 우리가 먹고 버리는 음식물 쓰레기는 전체의 30% 정도를 차지해요. 그것보다 더 많은 음식물이 운송과 조리 과정(57%)에서 버려지고, 오래 보관되거나(9%) 하나도 먹지 않은 상태(4%)로 폐기되지요.

먹기도 전에 버려지는 음식물 쓰레기를 줄이기 위해 2023년부터 새로운 제도가 도입되었어요. 바로 식품 섭취 가능 기간을 명확하게 알려주는 '소비기한 표시제'예요.

'유통기한'은 판매자가 식품을 유통할 수 있는 기한이고, '소비기한'은 소비자가 제품별 보관 방법을 잘 지켰을 경우에 안전하게 먹을 수 있는 기한을 말해요. 그래서 소비기한은 기존의 유통기한보다 20~50% 정도 길지요.

소비기한 표시제가 정착되면 버려지는 식품들을 많이 줄일 수 있을 것이라고 예상해요. 음식물 쓰레기를 처리하는 데 드는 에너지와 비용이 줄어들어 경제적인 효과도 커지고, 소비자는 식품에 표시된 기한까지 안심하고 먹으며 불필요한 식비 지출을 줄일 수 있어 일석이조예요.

우리 집 냉장고 속에 어떤 식재료가 들어있는지 샅샅이 살펴보고, 소비기한 내에 맛있는 한 끼 식사를 직접 만들어 먹으면 어떨까요?

환경 감수성 들여다보기 · 내가 만약 음식물 쓰레기로 만든 사료를 먹는 동물이라면 어떤 마음일까요? ○표 해 보세요.

> 의심스러움　부러움　불안함　화남　만족스러움

➕ 더 알아보기 | **남는 식재료를 되살리는 '푸드 업사이클링'과 '푸드뱅크'**

입에 대지도 않은 멀쩡한 음식이 버려지는 안타까운 경우가 있습니다. 단순히 못생겼다는 이유로 상품성이 떨어져 폐기되는 '못난이 농산물'이나 식품 제조 과정에서 나온 부산물 등이 그 예입니다. 이런 안타까움을 줄이기 위한 노력으로 유기농 못난이 농산물 정기배송 서비스와 부산물을 가공하여 새로운 식품으로 생산하는 '푸드 업사이클링'이 있습니다. 또한 기업 및 개인으로부터 식품 및 생활용품을 기부 받아 결식아동, 독거노인 등 저소득 소외 계층에게 지원하는 물적 나눔 제도인 '푸드뱅크'도 운영되고 있습니다.

내 생각 쓰기

● 가정에서 나오는 음식물 쓰레기를 바로 처리할 수 있는 편리한 기계인 음식물 처리기가 새롭게 인기를 얻고 있어요. 음식물 처리기의 종류는 음식물 쓰레기를 처리하는 방법에 따라 분쇄형, 열풍건조형, 미생물분해형으로 나뉘어요. 음식물 처리기의 종류별로 장단점을 찾아 비교하여 빈칸을 채우고 어떤 종류가 환경에 제일 도움이 될지 의견을 써 보세요.

	분쇄형	열풍건조형	미생물분해형
장점			
단점			

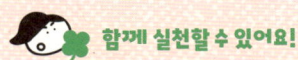 함께 실천할 수 있어요!

냉장고에 보관 중인 식재료를 냉장고 문에 써놓고 냉장고 안을 자주 정리해요.

소비 기한이 있는 식품은 냉장고에 오래 보관하기보다 조금씩 사서 바로 먹어요.

★ 기억에 남는 단어를 찾아 ○표 해 보세요.

음식물 처리기   잔반   냉장고 파먹기   유통기한   소비기한

03 주방에서

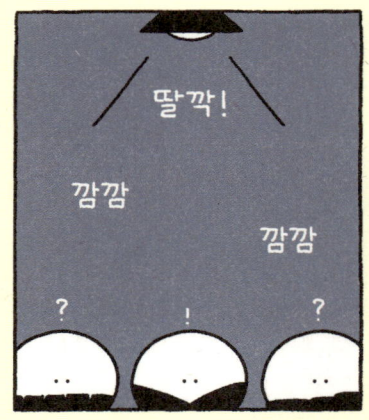

 나의 생활 살펴보기

- 우리 집 주방 가전은 몇 개인가요?

    개

- 조리 기구를 활용하여 직접 요리해 본 음식이 있다면 무엇인가요?

주방 가전 똑똑하게 사용하기

생활 속에서 계절과 상관없이 항상 열을 이용하는 곳은 어디일까요? 바로 요리하는 주방이에요. 주방에는 식재료를 보관하는 냉장고, 밥 짓는 전기밥솥, 조리하는 가스레인지(또는 전기레인지) 등 요리에 필요한 가전제품이 모두 모여 있어요. 가전제품 중에서 어떤 제품이 에너지를 많이 사용하고, 어떻게 사용하면 에너지를 절약할 수 있을지 한번 알아볼까요?

먼저 냉장고는 24시간 내내 켜두어야 해서 에너지 소모가 가장 많은 가전제품이에요. 하지만 초기 설정만 잘 해놓으면 에너지를 절약할 수 있어요. 냉장실은 1~5도, 냉동실은 영하 18~20도 정도로 유지하는 것이 좋아요. 냉장고의 온도를 1도만 올려도 연간 에너지 소비량을 5% 정도 줄일 수 있다고 해요. 냉장고의 온도를 굳이 가장 낮게 설정할 필요는 없으니 적정 온도로 맞춰요. 냉장고의 에너지 효율을 높이는 데 냉장고 속 음식량도 중요해요. 냉장실을 꽉 채워 음식을 보관하는 것보다 적당히 공간이 있어야 냉기가 원활히 순환할 수 있어서 냉장고를 효율적으로 오래 쓸 수 있어요.

두 번째로 에너지 소모가 많은 제품은 가열 가전이에요. 전기밥솥도 밥을 짓고 나서 계속 보온 기능을 켜놓는 경우가 많아 전기 에너지 사용량이 많아요. 전기밥솥의 전기 에너지 사용량을 줄이기 위해 밥을 짓고 남은 밥은 잠시 식혀 두었다가 냉동실에 보관 후 데워 먹어요. 보온 기능은 꺼두는 것이 좋아요.

  최근에는 가스레인지 대신 전기레인지(인덕션) 제품을 사용하는 가정이 많아졌어요. 제품마다 차이는 있지만 일반적으로 전기레인지의 열효율이 가스레인지보다 더 좋다고 알려져 있어요. 또 가스의 위험성 때문에 전기레인지로 교체하는 경우도 많아졌죠. 하지만 전기레인지와 전기오븐과 같은 가열 가전은 사용 시 전력 소모량이 매우 높기 때문에 오랫동안 사용하거나 에너지 사용량이 매우 높은 가전제품, 예를 들어 에어컨이나 세탁기와 함께 사용하지 않도록 주의해야 해요.

  집에서 사용하는 주방 가전의 에너지 효율을 생각하며 절약하는 습관을 실천해 보세요.

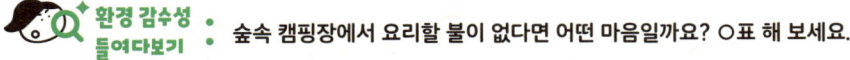

환경 감수성 들여다보기 : 숲속 캠핑장에서 요리할 불이 없다면 어떤 마음일까요? ○표 해 보세요.

| 아쉬움 | 불편함 | 소중함 | 불안함 | 난감함 |

더 알아보기 | 에너지를 절약하며 요리할 수 있는 방법

  대부분의 음식은 익혀서 먹기 때문에 열, 즉 에너지가 필요합니다. 그런데 가열하지 않고 신선한 식재료만으로 요리해서 먹는 방법이 있습니다. '생채식'이라고 불리는데, 대표적인 생채식으로는 샐러드나 과채 주스가 있습니다. 과일이나 채소의 맛을 온전히 즐길 수 있고 특별한 조리 방법을 몰라도 누구나 간편하게 만들 수 있습니다. 생채식을 하면 몸 안에 있는 독소를 빼고, 열에너지도 사용하지 않으니 내 건강과 환경을 지키는 일석이조의 식사법입니다.

내 생각 쓰기

● 사람마다 좋아하는 음식도 다르고, 집집마다 음식을 조리하는 방법도 모두 달라요. 우리 집에서 주로 조리하는 방법은 무엇인지 아래 보기에서 고르고, 그 방법이 환경에 어떤 영향을 줄지 써 보세요.

- 식재료를 직접 사서 먹을 만큼만 그때그때 요리해서 바로 먹는다.
- 식재료를 직접 사서 한꺼번에 많이 요리해서 조금씩 꺼내 먹는다.
- 밀키트나 냉동식품을 자주 먹는다.
- 배달음식을 자주 시켜 먹는다.

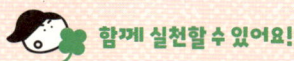 함께 실천할 수 있어요!

대기 전력의 낭비를 막기 위해 주방 가전을 사용하지 않을 때는 플러그를 뽑아요.

잘 사용하지 않는 주방 가전은 중고 거래를 하고, 더 이상 사지 않아요.

★ 기억에 남는 단어를 찾아 ○표 해 보세요.
열에너지   전기 에너지   에너지 효율   대기 전력

023

 간식을 먹을 때

 나의 생활 살펴보기

- 즐겨 먹는 간식은 무엇인가요?
- 그 간식의 주재료는 무엇인가요?

가공식품에 숨겨진 또 다른 사실

　현대 사회에서는 식사보다 간식이 건강에 더 많은 영향을 미친다고 해요. 간식에 공통적으로 들어있는 맛은 무엇일까요? 바로 단맛이에요. 단맛은 사람들이 가장 좋아하는 맛으로, 단맛을 내는 물질은 대부분 몸에서 에너지를 만드는 중요한 영양소이기 때문에 본능적으로 원하게 되지요. 그러나 달콤한 것도 과하면 문제가 되는 법이에요. '설탕 중독'이라는 말이 있을 정도로 사람들은 일상에서 생각보다 많은 당을 섭취하고 있어요.

　간식을 만드는 기업에서는 사람들의 입맛을 사로잡기 위해 더욱 자극적인 맛을 내어놓고, 소비자들은 그 맛에 열광하여 금세 익숙해져요. 신선식품을 통해 다양한 맛을 음미하기보다는 잊을 수 없는 강력한 맛의 가공식품을 자꾸 찾게 되죠. '맛있으면 됐지'하고 지금 당장 드러난 문제가 없으니 괜찮다고 생각할 수 있지만, 전문가들은 가급적 자연친화적이고 균형 잡힌 식습관을 갖도록 노력해야 한다고 말해요. 세상에 존재하는 다양한 음식의 고유한 맛을 만끽하기도 전에, 자극적인 맛으로 내 미각을 덮어버리기에는 너무 아쉬워요.

　한편 우리가 흔히 먹는 간식에 들어 있는 성분에 또 다른 불편한 진실이 숨겨져 있어요. 제품의 뒷면에 있는 '원재료명 성분' 표시를 보면 '팜유'라는 단어를 쉽게 발견할 수 있어요. 팜유는 기름야자 나무의 열매에서 추출한 식물성 기름이에요. 주로 초콜릿, 과자, 사탕(젤리), 아이스크림, 인스턴트 라면, 빵류(케이크, 도넛)와 같은 가공식품을 만들 때 사용해요. 다른 식물성 기름보다 값싸고 대량 생산이 가능하기 때문에 식품뿐만 아니라 샴푸, 비누, 세제, 화장품 등 여러 공산품에도 사용되고 있어요.

그런데 팜유가 왜 문제가 될까요? 팜유 농장은 주로 말레이시아와 인도네시아에 있는데, 팜유를 많이 사용하게 되면서 대규모 농장을 만들기 위해 열대우림을 불태워 버렸어요. 결국 숲이 파괴되어 이곳에 살고 있는 오랑우탄을 비롯한 야생동물들이 위협을 받고 있어요. 내가 먹는 간식이 오랑우탄의 멸종 위기와 연관이 있다니, 간식을 먹을 때 한번 고민해야겠어요.

 환경 감수성 들여다보기 · 매일 밥 대신 빵, 과자, 라면, 음료와 같은 가공식품만 먹어야 한다면 어떨까요? ○표 해 보세요.

| 걱정됨 | 괴로움 | 흥미로움 | 질림 | 행복함 |

> **더 알아보기 | 식품 첨가물을 현명하게 섭취하는 방법**
>
> 가공식품에는 여러 가지 '식품 첨가물'이 들어있습니다. 식품 첨가물은 식품을 가공하거나 조리할 때 식품 본래의 성분 이외에 첨가하는 화학적 물질을 말합니다. 맛이나 색, 향을 더 좋게 만들어 주고 상하는 것을 방지하는 역할을 합니다. 그래서 식품 품질을 유지 및 향상시켜 쓰레기로 버려지는 것을 많이 줄여 주기도 합니다.
>
> 그러나 소비자 입장에서는 화학적으로 합성된 물질에 대한 걱정과 불안이 있을 수밖에 없습니다. 사람의 체질에 따라 다르긴 하지만 식품 첨가물 과다섭취에 의해 알레르기 반응이 나타나고, 식품 본래의 성분과 반응하여 유해 물질을 생성할 가능성이 있기 때문입니다. 따라서 식품 첨가물이 어떤 역할을 하는지 알고, 어떤 재료와 성분이 들어있는지 확인하는 습관이 필요합니다.

내 생각 쓰기

● 가공식품에는 식품위생법에 따라 의무적으로 영양표시를 해야 해요. 영양표시 제도가 시행된 목적은 소비자에게 정보를 제공하여 영양 및 건강에 관심을 갖도록 하며, 기업이 식품 생산을 올바르게 하도록 하기 위해서예요.
자주 먹는 가공식품(과자나 음료 등) 중 하나를 골라 '원재료명'에 써있는 성분을 모두 적어 보고 새롭게 알게 된 사실을 아래 써 보세요.

• 가공식품 이름 : _____
• 원재료명 : _____

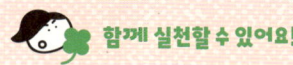 함께 실천할 수 있어요!

간식을 고를 때 전체 성분 표시를 확인하는 습관을 가져요.

가공식품 대신 건강에 좋은 간식을 먹어요. 제철·과일이나 견과류처럼 자연식품 그대로 먹는 게 내 몸에도, 환경에도 좋아요.

★ 기억에 남는 단어를 찾아 ○표 해 보세요.
설탕 중독   팜유   가공식품   식품 첨가물   유해 물질

05 청소할 때

 나의 생활 살펴보기

- 집 안 대청소를 얼마나 자주 하나요?

  달에   번

- 청소할 때 집에서 내가 맡은 역할은 무엇인가요?

환경을 지키는 청소 노하우

평소에 내 방은 어떤 모습인가요? 아늑하고 깨끗한가요, 아니면 어수선하고 지저분한가요? 흔히 내 방의 모습이 내 머릿속과 같다고 해요. 그래서 기분이 안 좋고 걱정이 많을 때 아무 생각 없이 청소를 하고 깨끗해진 공간을 보면 기분이 좋아지고 마음이 한결 가벼워져요. 청소하기 전에는 청소가 귀찮고 힘든 일이라고 생각할 수 있지만, 주변을 쓸고 닦으면서 깨끗해지는 모습을 보면 매우 뿌듯합니다. 그래서 청소하는 과정을 즐기는 사람들도 많아요.

내 방 청소를 할 때 제일 먼저 해야 할 일은 무엇일까요? 방바닥이나 방구석 여기저기에 널브러져 있는 물건을 주워서 제자리에 두는 '정리 정돈'이에요. 정리 정돈을 하면 내 물건들이 어디에, 얼마나 있는지 파악할 수 있어요. '이렇게 물건이 많았나?' 깨달으며 새로 사지 않는 것으로 충분히 절약하며 쓸 수 있지요.

그 다음은 먼지를 쓸고 닦을 차례예요. 청소도구와 세정제를 선택할 때도 친환경 제품을 사용하는 게 좋아요. 청소할 때 주로 사용하는 수세미, 솔, 스펀지, 행주, 걸레, 장갑 등의 청소도구를 자세히 살펴보면 플라스틱으로 만들어진 제품들이 많아요. 특히 요즘에는 편리하다는 이유로 일회용 제품들을 흔하게 사용하죠. 플라스틱 제품과 일회용 제품들의 무분별한 사용은 환경을 오염시켜요. 자연에서 얻을 수 있는 천연 수세미나 솔을 사용하거나 다회용 행주, 걸레를 사용하면 플라스틱 쓰레기를 줄일 수 있어요.

세정제도 신중하게 골라야 해요. 강력한 세정 기능과 좋은 향기를 내세워 광고하는 세정제들은 대부분 독한 화학 성분을 많이 사용해 환경에도 나쁜 영향을 미치고, 몸에도 좋지 않아요. 그러므로 되도록 환경에 영향을 덜 미치는 천연 세제를 사용하는 게 좋아요.

정리 정돈과 청소는 공간을 깨끗하게 유지하고 돌보는 일이에요. 집뿐만 아니라 학교, 동네, 자연환경도 내가 생활하고 누리는 공간이지요. 우리 모두가 '지구 환경 지킴이'가 되어 내 주변 청소를 생활화하면 아름다운 지구를 지켜낼 수 있어요.

 환경 감수성 들여다보기 · 청소를 하여 깨끗하게 정리 정돈이 된 집을 보면 어떤 마음인가요? ○표 해 보세요.

> 뿌듯함   편안함   기쁨   평온함   개운함

🌱 더 알아보기 | 환경에 무해한 천연 세제 삼총사

청소의 기본 원리는 오염을 중화하는 것입니다. 이 원리를 알면 독한 합성 세제를 사용하지 않아도 웬만한 찌든 때와 얼룩을 말끔히 제거할 수 있습니다. 청소할 때나 빨래할 때 다용도로 활용할 수 있는 천연 세제 삼총사가 있습니다. 바로 베이킹 소다, 구연산, 과탄산 소다입니다. 이 삼총사는 자연에서 얻을 수 있는 천연 물질로 환경 오염을 일으키지 않으니 오염물질에 따라 활용해 보세요!

- 베이킹 소다 : 기름 때, 욕실 찌꺼기, 부패 냄새 등
- 구연산 : 물 때, 식기의 얼룩, 생선 비린내, 담배 냄새 등
- 과탄산 소다(표백제) : 옷 표백, 식기의 얼룩 등(온수에 녹여 사용)

내 생각 쓰기

● 집은 가족 모두에게 소중한 공간이며 살고 있는 사람의 생활 방식이나 취향에 따라 공간이 달라져요. 집의 여러 공간 중에 내가 스스로 꾸밀 수 있는 나만의 방을 만든다면 어떤 방으로 만들고 싶나요? 그 이유도 써 보세요.

> 갖고 싶은 물건이 가득찬 방   VS   물건이 별로 없는 깔끔한 방

✏️ ....
....
....

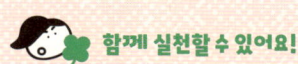 함께 실천할 수 있어요!

- 내 물건은 내가 정리해서 어디에 있는지 빨리 찾을 수 있게 해요.
- 세정 기능이나 향이 너무 강한 합성 세제 대신에 순한 천연 세제를 사용하여 청소해요.

★ 기억에 남는 단어를 찾아 ○표 해 보세요.
정리 정돈   청소도구   합성 세제   천연 세제

031

06 빨래할 때

나의 생활 살펴보기

- 우리 집은 빨래를 얼마나 자주 하나요?

  일주일에   번

- 손빨래를 해 본 적이 있나요?

바다도 나도
깨끗하게 하는 빨래

　오늘날 가정에서 꼭 필요한 가전제품 중 하나가 세탁기예요. 세탁기와 건조기는 옷을 넣고 버튼만 누르면 손에 물 한 방울 묻히지 않고 빨래하고, 옷을 말릴 수 있게 도와줘서 생활 속에서 편리하게 사용하죠. 하지만 빨래할 때 걱정되는 점이 있어요.

　세탁할 때 넣는 세제에는 세탁력을 높이는 강력하고 독한 합성 계면 활성제, 염소 표백제와 같은 화학 성분이 들어 있어요. 제대로 헹궈지지 않은 빨래에는 화학 성분이 남아 피부에 영향을 줄 수도 있어요. 그러니 화학 성분으로 만들어진 세탁 세제 대신에 자연 추출물로 만들어진 친환경 세제를 사용하는 것이 좋아요.

　세탁 후에 나오는 더러운 물에는 세제도 섞여 있지만, 미세플라스틱도 들어 있어요. 세계자연보전연맹(IUCN)의 발표에 따르면, 해양 오염의 주범인 미세플라스틱의 약 35%가 세탁 과정에서 발생해 해양으로 유입된다고 해요. 옷을 빨았는데 왜 미세플라스틱이 생기는 걸까요? 우리가 입는 옷의 대부분은 아크릴, 폴리에스터, 레이온, 나일론과 같은 합성 섬유로 만들어져요. 식물이나 동물에서 얻은 천연 섬유가 아닌 합성 섬유로 만든 옷을 빨면 섬유가 마모되면서 작은 플라스틱 알갱이들이 떨어져 나와요. 이 알갱이들은 크기가 너무 작아 하수 처리 시설에서도 걸러지지 않고 그대로 강이나 바다로 흘러들어 환경을 오염시키고 생태계에 악영향을 줘요.

해양 환경 오염의 주범인 미세플라스틱에 대한 경각심이 높아지면서 적합한 제품 기술과 배출 규제가 필요하다는 목소리가 나오고 있어요. 이에 따라 최근 출시되고 있는 AI 세탁기들은 빨래 무게를 스스로 측정하여 알맞은 양의 세제를 자동으로 넣고, 세탁물의 오염 정도에 따라 헹굼 횟수를 자동으로 조절하는 맞춤 세탁 기능이 있어요. 이런 기능들이 세탁 단계를 효율적으로 맞춰 세제와 물을 낭비하지 않도록 도와주고 미세플라스틱의 배출도 줄일 수 있어요.

하지만 그보다 먼저 세탁기의 사용을 최대한 줄이고, 세탁기와 세제를 올바르게 사용하여 해양 환경 보호에 힘써야겠어요.

환경 감수성 들여다보기 • 세탁 폐수가 흘러들어 온 바닷속에 사는 물고기들은 어떤 기분일까요? ○표 해 보세요.

| 억울함 | 혼란스러움 | 걱정됨 | 슬픔 | 숨 막힘 |

🌱 더 알아보기 | 자연 건조로 지키는 지구

습한 여름철에는 제습기를 꺼내고, 건조한 겨울철에는 가습기를 꺼냅니다. 이와 달리 세탁기와 의류 건조기는 일년 내내 사용합니다. 우리는 어느새 편리한 생활 가전에 익숙해졌습니다. 하지만 의류 건조기를 사용하면 옷감이 상하고 옷이 줄어들 수 있으므로 햇볕이 좋은 날에는 빨래를 자연 건조하는 것이 좋습니다. 무엇보다 의류 건조기를 사용하는 동안 많은 양의 전기 에너지를 쓰고 탄소를 배출하기 때문에 에너지 절약을 위해서는 의류 건조기의 사용을 자제하는 것이 좋습니다.

내 생각 쓰기

● 우리의 상상을 뛰어넘을 만큼 AI 기술이 날로 발전하고 있어요. 가정에서 쓰는 가전제품에도 AI 기술이 접목되어 신기능들을 선보여요. 환경을 생각하여 가전제품에 어떤 친환경 기능을 새롭게 만들고 싶은지 자세히 써 보세요.

- 가전제품 : _____
- 친환경 AI 기술(기능) : _____

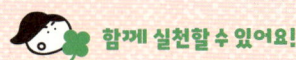
함께 실천할 수 있어요!

빨랫감을 모아 놓았다가 한꺼번에 세탁기에 돌려서 빨래 횟수를 줄여요.

부분 얼룩은 미리 애벌빨래를 하고 세탁기에 넣어요.

★ 기억에 남는 단어를 찾아 ○표 해 보세요.
미세플라스틱   해양 오염   의류 건조기   자연 건조   애벌빨래

07 화장품을 바를 때

 나의 생활 살펴보기

- 내가 쓰는 화장품은 몇 개인가요?

    개

- 화장품을 살 때 성분을 보고 고르나요?

화장품 성분이
나와 환경에 미치는 영향

　오늘날 사용하는 화장품은 다양한 기능을 위해 보습제, 세정제, 보존제, 방부제, 착색제, 착향제 등 여러 화학 물질을 배합하여 만든 화학 합성물이에요. 그래서 소비자가 자신의 체질이나 기호에 맞는 상품을 쉽게 선택하고, 부작용 발생 시 원인을 찾을 수 있도록 화장품의 모든 원료를 용기나 포장지에 써야 하는 '전 성분 표시제'가 시행되고 있어요.

　하지만 표기된 성분을 보면 정제수, 글리세린, 레몬추출물, 사이클로펜타실록산, 이소헥사데칸, 페녹시에탄올, 소듐카보머, 향료 등 읽기조차 어려운 단어들로 가득해요. 간혹 레몬추출물 같은 천연 성분도 있지만 대부분 석유에서 추출한 화학 물질이죠. 이러한 성분들이 모두 피부에 유해한 것은 아니지만, 나에게 맞지 않는 성분이나 유해 물질이 들어있을 수 있으니 조심해야 해요.

　화장품을 생산할 때 성분이 사람에게 안전한지 확인하는 과정을 거치는데, 이때 동물들이 실험 대상으로 이용되기도 해요. 단편 애니메이션 〈랄프를 구해줘(Save Ralph)〉 속 주인공 랄프는 한쪽 눈이 보이지 않고, 한쪽 귀가 들리지 않는 실험체 토끼예요. 랄프처럼 쥐와 토끼 같은 설치류 동물들이 화장품뿐만 아니라 의약품, 백신 개발과 비료, 살충제, 기타 화학 물질의 생산 과정에서 독성 검증의 대상으로 희생되고 있어요. 동물 착취 실태가 밝혀지자 최근에는 화장품 연구 제조, 가공 단계에서 동물성 원료를 전혀 사용하지 않고 동물 실험을 하지 않는 '비건 화장품'이 새롭게 주목받고 있어요.

화장품에 들어 있는 미세플라스틱 또한 문제가 되고 있어요. 우리나라는 2017년 7월부터 치약이나 스크럽제, 바디워시 등 씻어내는 화장품에 대한 미세플라스틱 사용을 전면 금지했어요. 하지만 바르는 화장품에는 여전히 첨가되어 생산, 판매되고 있어요. 화장품을 사용하면 어느 샌가 우리도 모르는 사이에 수만 개의 미세플라스틱 입자가 피부에 닿게 돼요. 특히, '반짝이' 화장품이 씻겨 강이나 바다에 흘러들었을 때 생태계를 심각하게 오염시킨다고 해요.

나의 피부뿐만 아니라 해양 생태계와 동물들을 위해서라도 화장품을 선택할 때 성분 표시를 더 신중하게 살펴보는 것이 좋겠어요.

 환경 감수성 들여다보기 · 만약 내가 화장품을 만드는 실험실에 출근하는 '63번 실험용 동물'이라면 어떤 마음일까요? ○표 해 보세요.

| 화남　자랑스러움　무력감　고통스러움　억울함　슬픔 |

❋ 더 알아보기 | 자외선 차단제가 일으키는 해양 환경 오염

　우리가 자주 사용하는 자외선 차단제에는 간혹 '옥시벤존'과 '옥티노세이트' 성분이 들어 있기도 합니다. 이 성분들이 바다에 녹아들면 산호초가 흰색으로 표백되는 '백화 현상'을 일으키고 물고기의 호르몬 체계를 교란해 해양 생태계가 파괴됩니다. 그래서 하와이와 팔라우섬에서는 두 물질이 함유된 자외선 차단제의 반입, 판매, 사용을 모두 법으로 금지했습니다. 우리나라 제주와 동해안, 남해안에서 서식하는 산호초의 44%에서도 백화 현상이 일어나고 있습니다. 그러므로 우리나라에서도 백화 현상을 일으키는 성분의 사용 규모를 확인하고 금지하는 논의가 필요합니다.

내 생각 쓰기

● 소비자들이 환경에 관심을 가지면서 화장품 회사들도 '친환경 화장품'을 적극적으로 개발, 출시하고 있어요. 만약 내가 화장품 회사 사장이라면 어떤 화장품을 만들고 싶은지, 친환경 화장품의 조건은 무엇인지 아래 보기를 참고하여 써 보세요.

> 화장품 성분, 동물 대체 실험, 화장품 용기, 화장품 포장, 홍보/광고, 화장품 처리

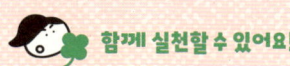 함께 실천할 수 있어요!

햇빛을 피할 때 피부에 바르는 자외선 차단제도 좋지만 선글라스, 모자, 양산 등을 적극적으로 활용해요.

화장품을 사기 전에 화장품 성분을 확인할 수 있는 사이트나 앱을 이용해요.

★ 기억에 남는 단어를 찾아 ○표 해 보세요.
전 성분 표시제   동물 실험   미세플라스틱   백화 현상

08 화장품을 쓰고 버릴 때

나의 생활 살펴보기

- 화장품 용기를 버릴 때 분리수거를 하나요, 일반 쓰레기로 버리나요?

- 쓰다가 안 쓰는 화장품은 몇 개인가요?

    개

재활용이 어려운 화장품 용기

쓰레기를 분리배출할 때 가장 어려운 품목 중 하나가 바로 '화장품 용기'예요. 로션, 샴푸, 손 세정제 등 다양한 내용물이 다양한 형태의 용기에 담겨 판매되고 있어요. 재활용 센터에서도 회수한 화장품 용기의 90%는 재활용을 할 수가 없어서 골칫거리지요. 화장품 용기는 분리배출하더라도 결국 소각될 가능성이 높은 '예쁜 쓰레기'가 되고 말아요. 도대체 화장품 용기는 왜 재활용이 어려운 걸까요?

대부분의 화장품 용기는 예쁜 디자인과 사용자의 편의를 위해서 플라스틱, 유리, 금속 재질을 섞어 일체형으로 만들어 사실상 재질별로 분리하여 버릴 수 없어요. 또한 사용한 화장품 용기에는 화장품 잔여물이 남아 있어 재활용하기 어려워요. 이밖에도 재활용이 가능한 플라스틱처럼 보이지만 기타(OTHER) 재질이거나 투명하지 않고 색깔이 들어간 재질로 만들어진 화장품 용기는 재활용이 불가능해요. 내용물 용량이 적은 화장품이나 샘플용 화장품은 분리배출 표시가 되어 있지도 않고, 재활용 효율이 떨어지기 때문에 결국 일반 쓰레기로 버려야 하지요.

분리도 세척도 어렵게 만든 화장품 용기를 처리하는 것은 결국 소비자들의 몫이에요. 그래서 소비자들이 수천 개의 화장품 용기를 화장품 회사 앞에 쏟아부으며 대책을 요구하는 '플라스틱 어택' 활동이 관심을 받기도 했어요.

 화장품 제조 업체들은 재활용이 가능하도록 화장품 용기를 바꾸는 노력을 강화해야 해요. 그리고 무엇보다 제품 판매 시 포장재 사용량을 줄여 쓰레기를 만들지 않는 것도 중요해요.

 아직 소비자들은 제품을 구입할 때 환경 보호 가치보다는 제품이나 포장 디자인, 편의, 가격 등을 우선하므로 화장품 용기의 재활용률을 높이려면 소비자들의 인식 개선도 필요해요. 또, 다 쓴 공병을 반납하면 보상해 주는 정책도 제안해 볼 수 있지요.

환경 감수성 들여다보기 ・ 여러 가지 재질로 만들어진 화장품 용기를 버릴 때 어떤 마음이 드나요?
・ ○표 해 보세요.

헷갈림　귀찮음　걱정스러움　화남　난감함

> 🌱 **더 알아보기** | **제품의 내용물만 살 수 있는 '제로웨이스트 상점'**
>
> '제로웨이스트 상점'은 쓰레기가 될 수 있는 일회용 플라스틱 용기와 포장 없이 내용물만 파는 가게입니다. 재사용이 가능한 용기나 개인이 직접 가져온 용기에 세제, 샴푸, 화장품, 곡물 등을 리필할 수 있어 '리필스테이션'이라고도 합니다.
> 환경을 생각한다면 용기를 재활용하는 것보다 재사용하는 것이 더 좋습니다. 재활용은 공정에 많은 에너지가 또 들지만, 재사용은 그대로 다시 사용하면 되기 때문입니다. 이보다 더 좋은 방법은 샴푸바, 비누처럼 용기 자체가 아예 없는 제품을 사용하는 것이겠죠? 우리나라도 리필 문화가 활발해져서 제로웨이스트 상점이 많아지길 바랍니다.

내 생각 쓰기

● 화장품을 다 쓰고 용기를 버리려고 보니, '재활용 어려움'이라고 쓰여 있어요. 화장품 회사가 재활용을 어렵게 만든 책임일까요? 아니면 관련 정책을 만들지 못한 정부의 책임일까요, 재활용에 관심이 없는 소비자의 책임일까요? 누구의 책임이 제일 큰지 적어 보고 화장품 용기 재활용률을 높이기 위한 방법을 써 보세요.

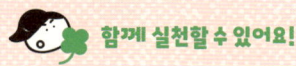 함께 실천할 수 있어요!

재활용이 어려운 화장품 용기를 사용한 제품보다 화장품 공병을 수거하는 회사의 제품을 사용해요.

화장품을 남김없이 끝까지 다 쓰고, 리필 스테이션에 가서 채워와요.

★ 기억에 남는 단어를 찾아 ○표 해 보세요.
　　재활용 어려움　　플라스틱 어택　　제로웨이스트 상점　　공병 반납

09 산책할 때

 나의 생활 살펴보기

- 주로 누구와 어디서 산책하나요?

  　　　　　와(과)　　　　　에서

- 산책하며 길가에 있는 쓰레기를 본 적이 있다면 어떤 것이었나요?

줍깅을 하면 보이는 것들

바쁜 일상에서 산책은 우리에게 쉼과 활력을 가져다주어요. 아무리 바빠도 바람을 쐬며 걷다 보면 왠지 모르게 기분이 좋아지지요. 그런데 산책하다 보면 누군가 무심코 버린 쓰레기들이 산더미처럼 쌓인 모습을 볼 때가 있어요. 많은 사람들이 이 쓰레기 더미를 보고 '누가 쓰레기를 이렇게 아무 데나 버리고 간 거야?'라고 생각하거나 아무 생각 없이 그냥 지나쳐요. 하지만 누군가는 특별한 생각과 행동을 하기도 해요.

버려진 쓰레기를 그대로 두지 않고 산책하며 직접 줍는 '플로깅(Plogging)'이라는 작은 행동이 세상을 바꾸고 있어요. 플로깅은 2016년 스웨덴에서 처음 시작되었으며 스웨덴어로 이삭을 줍는다는 의미인 '플로카 업(Plocka up)'과 가벼운 달리기를 말하는 영어 '조깅(Jogging)'이 합쳐진 합성어예요. 우리나라에서도 플로깅과 같은 의미인 '줍깅(줍다+조깅의 합성어)'에 많은 사람이 참여하고 있어요.

'줍깅'은 앉았다가 일어나는 동작을 반복하기 때문에 걷기만 하는 산책보다 칼로리 소모량이 더 많아서 또 하나의 운동법이 되었어요. 코로나 상황을 거치면서 사회적 거리두기로 인해 집에만 있어야 했던 답답한 마음을 산책으로 해소하며 거리에 버려진 쓰레기들도 치우기 시작했어요. 줍깅은 거리에 버려진 쓰레기를 최대한 많이 주우면서 목적지까지 가벼운 산책을 하는 활동이기 때문에 특별한 연습이나 준비가 필요 없이 누구나 할 수 있다는 장점이 있어요.

줍깅을 하면 두 가지를 깨달을 수 있어요. 먼저, 쓰레기를 줍는 작은 행동이 환경에 대한 관심으로 이어지는 경험을 할 수 있어요. 무심코 지나쳤던 거리를 산책하며 쓰레기를 줍다 보면 '길거리에 쓰레기, 특히 담배꽁초가 이렇게 많았다니!'라며 심각성을 깨닫게 되지요. 그리고 쓰레기를 줍고 난 후 깨끗해진 거리를 보며 뿌듯함을 느낄 수 있어요. 단순히 쓰레기를 줍는다고 하면 귀찮고 꺼려질 수 있는데, 더 나은 세상을 위한 행동이라고 의미를 부여하면 성취감을 느낄 수 있어요.

앞으로 가족이나 친구들과 함께 산책할 때 쓰레기봉투와 집게 등을 챙겨 나가 줍깅을 해 보세요.

 환경 감수성 들여다보기 · 산책하다가 쓰레기를 줍는 사람을 본다면 어떤 마음일까요? ○표 해 보세요.

> 멋짐   흥미로움   무관심   놀라움   부끄러움

🌱 더 알아보기 | 빗물받이에 버려진 쓰레기로 인한 환경 오염

빗물받이는 비가 올 때 도로에 물이 고이지 않도록 빗물을 하수구로 흘려보내는 역할을 합니다. 그래서 빗물이 잘 흘러갈 수 있도록 구멍이 뚫려 있습니다. 그런데 그 구멍으로 사람들이 담배꽁초와 같은 작은 쓰레기를 많이 버려 문제가 되고 있습니다.

빗물받이에 쓰레기가 쌓이면 물이 흘러가지 못하고 역류할 수 있습니다. 그래서 폭우가 쏟아지면 침수 피해를 악화시킵니다. 또한 쓰레기가 하수구로 흘러들어 환경 오염을 일으키고 있습니다. 빗물받이는 쓰레기통이 아니라 바다로 가는 입구라는 점을 기억해야 합니다.

내 생각 쓰기

● 가족이나 친구들과 함께 할 수 있는 친환경 행동 챌린지 캠페인이 많이 있어요. '줍깅'처럼 일상에서 실천할 수 있는 작은 친환경 행동을 떠올려 보고, 재미있는 이름을 지어 보세요. 그리고 그렇게 이름을 지은 이유를 써 보세요.

 함께 실천할 수 있어요!

우리 동네에 줍깅(플로깅) 모임이 있다면 참석해 봐요.

길에 쓰레기를 버리지 않는 것도 중요해요. 주변에 쓰레기통이 없다면 집에 와서 버려요.

★ 기억에 남는 단어를 찾아 ○표 해 보세요.

줍깅(플로깅)　빗물받이　친환경 행동 챌린지

⑩ 공원이나 숲에서

 나의 생활 살펴보기

- 공원이나 숲에서 산책할 때 주로 무엇을 하나요?
- 산책할 때 동물을 만난 적이 있나요? 만났다면 어떤 동물이었나요?

도심 속 새들의 생명권 보호

아침 산책을 할 때 주변을 자세히 살펴보면 심심치 않게 만나는 친구들이 있어요. 바로 작은 새들이에요. 하지만 도시에서 주로 볼 수 있는 새의 느낌은 짹짹거리는 참새, 길거리에 떨어진 음식을 주워 먹는 비둘기, 쓰레기통을 쪼아대며 깍깍 소리를 내는 까마귀이지요. 그래서 어떤 이들은 도심의 새를 무서워하거나 싫어하기도 해요.

사람들이 새에게 관심을 두지 않는 사이에 도심 속 수많은 새들이 위기에 처했어요. 새가 도심을 날아다닐 때 투명한 유리창을 인지하지 못하거나 반사된 빛으로 인하여 속도를 줄이지 못해 그대로 건물이나 자동차와 충돌하여 다치거나 죽기도 해요. 이를 '조류 충돌'이라고 해요. 비행기에 부딪히거나 엔진 속으로 빨려 들어가는 사고도 심각한 조류 충돌 중 하나예요. 2018년 국립생태원의 분석에 따르면 우리나라에서 1년간 유리 구조물에 충돌해 죽는 새의 수는 800만 마리 정도로 추정된다고 해요. 사람들의 조망권 때문에 새들은 생명권을 잃게 된 셈이지요. 사실 누구도 새들의 이러한 죽음을 바라지는 않았을 거예요. 때때로 조류 충돌을 방지하기 위해 도로에 설치된 투명 방음벽에 새 모양 스티커가 붙여진 것을 볼 수 있는데, 새를 보호하는 데 별로 효과가 없다고 해요. 사람의 눈이 아닌 새의 눈으로 세상을 보아야 해결책을 찾을 수 있어요.

  새들은 나뭇가지 사이나 이와 비슷한 틈으로 날아서 지나가요. 그러므로 새들이 빠져나갈 수 없는 공간이라고 인식하는 5×10센티미터 간격으로 무늬를 필름에 새겨 유리에 붙이거나 그리면 조류 충돌을 막는 데 효과적이에요.

  새의 생명권을 보호하는 데 가장 중요한 것은 새 한 마리의 생명도 소중히 여기는 마음이에요. 지금은 흔하게 볼 수 있는 동식물도 언젠가는 멸종될 수도 있어요. 그러므로 도심 생태계에 대한 관심을 높이고, 도심 속 생물들과 인간이 함께 살 수 있는 환경을 만들어야겠어요.

환경 감수성 들여다보기 · 새들은 유리창에 부딪혀서 죽은 친구들을 보면서 어떤 마음일까요? ○표 해 보세요.

불안함   두려움   슬픔   원망스러움   안타까움

🦋 **더 알아보기** | 위험에 처한 야생동물을 구조하는 '야생동물구조센터'

  환경부는 야생생물법에 따라 2006년부터 '야생동물구조센터'를 운영하고 있습니다. 야생동물구조센터는 로드킬, 방음벽 충돌과 같은 인위적인 사고를 당하거나 조난당한 야생동물을 구조하여 치료하고 보호하며 재활을 통해 다시 야생으로 돌려보내는 기관입니다. 구조와 보호가 필요한 야생동물을 발견하면 지역 구청이나 시도 야생동물구조센터에 바로 신고하기 바랍니다.

내 생각 쓰기

● '도시 숲'이 기후위기 시대의 해법 중 하나로 주목받고 있어요. 도시 숲은 이산화 탄소와 미세먼지를 흡수하여 공기를 정화시키고, 도시의 열기를 낮추는 역할을 해요. 우리는 도시 숲과 공원에서 산책하고 휴식을 취하며 마음의 안정을 찾을 수 있어요.
숲과 공원의 이로움을 떠올리며 우리 지역에 있는 숲과 공원을 소개해 보세요.

함께 실천할 수 있어요!

우리 지역에 동물들을 위한 생태 통로가 있는지 찾아봐요.

주변에 사는 식물이나 동물을 찾으면서 아름다운 자연환경에 고마움을 느껴요.

★ 기억에 남는 단어를 찾아 ○표 해 보세요.

탐조 활동   조류 충돌   야생동물구조센터   도시 숲   생태 통로

11 카페에서

나의 생활 살펴보기

- 길가에 버려진 일회용 컵을 본 적이 있나요?
- 외출할 때 개인컵(또는 병)을 가지고 다니나요?

헷갈리는 환경 정책

　현대인들에게 카페는 일상적인 장소가 되었어요. 카페 안에서 차를 마시기도 하지만, 밖으로 가지고 나가기(테이크아웃) 위해 일회용 컵을 사용하지요. 문제는 이러한 일회용 컵 사용량이 너무 많아 쓰레기가 상상할 수 없을 정도로 많다는 사실이에요. 일회용 컵이 재활용되면 좋겠지만 코팅이 된 종이로 컵 내부가 만들어졌고, 사용한 일회용 컵 안에 내용물이 남아 있으면 재활용 과정이 복잡해져서 결국 일반 쓰레기로 버려져요.

　우리나라에서 한 해 사용하는 종이컵은 약 166억 개, 일회용 플라스틱 빨대는 약 100억 개로 추정해요. 일회용 컵 쓰레기 문제가 심각해지자 우리나라 정부는 일회용품 규제 정책을 만들었어요. 환경부는 2022년 11월 24일부터 '일회용품 사용 줄이기' 정책을 확대해 시행하였어요. 카페와 식당과 같은 식품접객업소와 집단 급식 매장 내에서 종이컵과 플라스틱 빨대, 젓는 플라스틱 막대를 사용할 수 없게 했죠. 그래서 한동안 카페에서는 플라스틱 빨대 대신에 종이 빨대나 생분해 빨대가 등장했고, "매장 내에서는 일회용 컵을 사용할 수 없습니다."라는 안내가 있기도 했어요.

　그러나 1년 뒤, 환경부는 카페나 식당에서 일회용 '종이컵'과 '플라스틱 빨대' 사용을 금지하는 정책을 철회하였어요. 소상공인의 인건비, 세척비 등의 부담을 줄이기 위해 규제를 완화한 거예요. 하지만 1년 만에 정책이 바뀌니 카페 주인이나 소비자들은 오히려 혼란스러웠어요. 여전히 매장 내에서 투명한 '플라스틱 컵'은 사용할 수 없는데 일회용품 사용 규제가 모두 없어졌다고 생각했던 것이죠.

 환경부의 이번 규제 완화 발표로 인해 일회용품 사용 줄이기 정책이 또다시 원점으로 후퇴하는 것이 아니냐는 논란도 있어요. 많은 사람들이 편리한 생활에 익숙해졌지만, 쏟아지는 일회용품 쓰레기를 보면서 한편으로 불편한 마음을 가지고 있어요. 약간의 불편함을 감수하더라도 기꺼이 친환경 행동을 할 수 있도록 환경 정책이 흔들리지 않고 힘을 실어주면 좋겠어요.

 환경 감수성 들여다보기 카페나 식당 안에서 일회용 컵, 생수 페트병을 사용하는 것을 보면 어떤 마음인가요? ○표 해 보세요.

> 편안함   아까움   불편함   화남   무관심

더 알아보기 | 환경 정책의 환경 보호 효과

 우리나라에서는 일회용품 사용을 줄일 수 있도록 업종과 품목별로 '사용 억제'와 '무상제공 금지'를 실시하고 있습니다. 그 결과, 가게에서 사용하는 비닐봉투나 쇼핑백의 양이 3,810톤(2017년)에서 660톤(2022년)으로 크게 줄었습니다. 또한 앞에서 이야기한 매장 내 일회용 컵 사용 금지도 뚜렷한 효과를 보였습니다. 개인 텀블러와 다회용 컵 사용 비율이 2018년에는 44%에 불과했지만 2019년에는 94%까지 급증하였습니다.

 지구를 위한 실천, 기후 행동을 할 때, 정책 하나만 제대로 잘 만든다면 그 효과는 엄청 크답니다. 법이 새로 만들어지고 바뀌면 처음에는 불편하고 혼란스러울 수 있지만 환경시민으로서 환경 정책에 지속적인 관심을 가져야 합니다.

내 생각 쓰기

● 카페를 이용하는 사람들이 많아지면서 카페 이용과 관련한 환경 실천 방법이 다양해졌어요. 예를 들어, 개인 컵을 가져오면 음료 가격을 할인해 주어 소비자들이 자발적으로 일회용 컵 사용을 줄이도록 유도하기도 해요. 카페나 식당에서 일회용품을 줄이기 위한 다른 좋은 방법을 생각해 보고 써 보세요.

✏️ ....

....

....

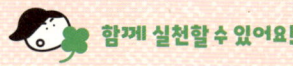 함께 실천할 수 있어요!

외출할 때 항상 텀블러를 챙겨서 나가요.

음료를 일회용 컵을 주기 전에 미리 거절하고, 되도록 매장 안에서 마시고 가요.

★ 기억에 남는 단어를 찾아 ○표 해 보세요.
일회용 컵   텀블러   종이 빨대   환경 정책

12 마트에서

💬 나의 생활 살펴보기

- 우리 집은 주로 어디에서 장을 보나요?
  예) 온라인, 마트, 지역 시장, 지역 농산품 매장 등

- 장 볼 때 원산지를 확인하는 편인가요?

지구를 위한 식재료 고르기

　세계화로 인해 국가 간 거래가 활발해지면서 필리핀산 바나나, 태국산 새우, 이탈리아산 스파게티 면, 스페인산 오렌지 주스, 독일산 치즈 등 지구 곳곳에서 생산하는 식재료를 쉽게 접할 수 있게 되었어요.

　해외 각국의 대규모 농장에서 생산된 식재료는 비행기나 선박을 통해 우리 식탁 위로 모여요. 농산물이 생산되어 우리 식탁에 오르기까지의 거리를 '푸드 마일리지'라고 하는데, 이 거리가 긴 식재료는 운송 과정에서 엄청나게 많은 에너지가 들어요. 식재료를 먼 거리로 운송하기 위해 가공과 포장을 할 때, 이동을 할 때, 도착지에서 훼손된 식재료를 버릴 때 계속 탄소가 배출되지요.

　결국 대규모 농장의 생산 방식과 푸드 마일리지가 긴 수입산 식재료의 소비로 인해 많은 양의 탄소가 배출되고, 이는 기후 변화를 가속시켜요. 기후 변화는 동식물의 생태계 환경을 변화시켰고 식량 위기를 불러왔죠.

　동해안에서 많이 잡히던 명태와 오징어 같은 수산물은 해수 온도 상승으로 인해 예전보다 잡기 어려운 어종이 되었어요. 우리가 즐겨 먹는 사과는 지구 온난화로 2070년이 되면 강원도 일부에서만 생산될 것이고, 2090년이 되면 우리나라에서는 더 이상 재배할 수 없을 것이라고 예상해요. 이렇듯 가까운 미래에는 기후 변화로 인해 더 이상 먹을 수 없는 식량이 많아질 거예요.

　기후 위기는 곧 우리의 식량 위기를 의미해요. 무심코 장바구니에 담았던 식재료를 다시 한번 살펴보며 어디에서, 어떤 방식으로 생산되어, 어떤 과정을 거쳐서 왔는지 생각해 보고 현명하게 식재료를 선택하세요.

 우리 학교 급식이 우리 지역에서 생산한 농축산물로 만들어진다면 어떤 마음일까요? ○표 해 주세요.

궁금함　　자부심　　소중함　　신뢰감　　만족감

더 알아보기 | 품질 향상 촉진과 소비자의 안전한 구매를 위한 '농식품 인증마크'

　마트에서 구매한 식재료의 포장지에서 초록색 마크를 본 적이 있나요? 농림축산식품부에서는 농식품의 품질 향상을 촉진시키고 소비자가 안전한 농식품을 안심하고 구매할 수 있는 정보를 제공 받을 수 있도록 농식품 인증제도를 실시하고 있으며 마크로 표기하고 있습니다. 친환경(유기 또는 무농약), GAP(우수관리) 인증을 받은 농산물 중에서도 생산 전 과정에서 온실가스 배출을 줄여 생산한 농산물을 재인증한 것으로, 지속가능한 농업 기술을 발전시킬 수 있는 의미 있는 마크입니다. 인증마크의 종류를 알고 구입한다면 더 안심하고 먹을 수 있을 것입니다.

   ◀ 더 많은 농식품 인증마크를 확인하세요.

내 생각 쓰기

● 오늘날 우리는 언제든지 편하게 식재료를 구입할 수 있어요. 식재료의 종류도 다양해져서 소비자의 선택의 폭도 넓어졌어요. 그만큼 여러 가지 조건들을 고려하여 현명하게 소비해야 할 필요가 있어요. 예를 들어, 포도를 살 때 아래 항목들 중 어떤 기준으로 고를 것인지, 기후 변화와 연관지어 내 생각을 써 보세요.

> 원산지(국내산/수입산), 인증마크, 포장, 배송(온라인/직접 구매), 가격

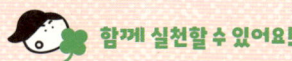 함께 실천할 수 있어요!

- 같은 품종이라면 국내산을 사고, 조금 비싸더라도 농식품 인증마크를 확인하여 먹을 만큼만 구매해요.
- 제철 음식, 로컬푸드를 구매하면 탄소 배출을 줄일 수 있을 뿐만 아니라 맛있고 신선한 상태로 먹을 수 있어요.

★ 기억에 남는 단어를 찾아 ○표 해 보세요.

푸드 마일리지   식량 위기   로컬푸드   농식품 인증마크

13 식당에서

 나의 생활 살펴보기

- 가족들과 외식할 때 주로 어떤 메뉴를 고르나요?

- 최근에 먹은 고기는 어떤 종류였나요?
  예) 소고기, 닭고기, 돼지고기 등

고기 소비와
탄소 배출의 관계

인구가 점점 많아지고 소득이 높아지면서 고기 섭취량도 계속 증가했어요. 전 세계 인구가 80억 명을 넘어섰고 해마다 약 700억 마리의 가축을 소비한다고 해요. 생명이 있는 가축을 대규모 농장에서 제품 찍어내듯이 생산하고 있어서 가능한 일이에요.

그런데 최근 들어 환경을 생각해서 고기 섭취를 줄이고 채식을 지향한다는 사람들이 생기고 있어요. 고기 섭취가 탄소 배출량 증가의 원인이라는 이유 때문이에요. 고기를 먹는 것과 온실가스 배출은 어떤 관계가 있을까요?

고기를 생산하는 축산업의 전 과정에서 온실가스가 배출돼요. 우선 고기가 될 가축을 키우기 위해, 또 가축에게 먹일 사료를 재배하기 위해 넓은 땅이 필요하지요. 가축을 효율적으로 키우고 재배할 수 있는 넓은 땅을 만들기 위해 사람들은 숲을 없애기 시작했어요. 몇십 년 동안 계속 된 산림 파괴로 숲에 살았던 동식물들이 사라졌고, 탄소를 흡수할 수 있는 나무들이 줄어들어 기후 환경이 급속도로 악화되었어요. 이렇게 탄소를 흡수하는 토지 면적의 감소가 축산업 탄소 배출량 변화 원인의 가장 큰 비중을 차지하고 있어요.

대규모 농경지를 만든 후에도 사료가 될 작물에 뿌리는 화학비료를 생산하고, 작물을 가공하고, 사료를 농장으로 수송하는 데에도 에너지가 들고 탄소가 배출돼요. 또한 도축한 가축을 식품으로 가공, 수송하는 데에도 에너지가 들죠.

가축이 직접 온실가스를 배출하기도 해요. 가축이 트림을 하거나 방귀를 뀔 때 메탄가스가 나오는데, 대표적인 온실가스인 이산화 탄소보다 온실 효과가 25배 이상 강력해요. 가축의 분뇨에서 아산화 질소도 발생해요. 가축의 분뇨는 농장 부근의 하천을 심각하게 오염시켜요. 1억 톤의 고기를 생산하기 위해 10억 톤의 사료를 먹여야 하고 3억 톤의 분뇨를 처리해야 하죠. 그러므로 고기를 소비할 때에는 적당한 양을 섭취하여 불필요한 생산이 이루어지지 않도록 하는 것이 좋아요.

실제로 우리가 먹는 고기가 어떻게 생산되는지 알고 그것이 나와 환경에 어떤 관계를 맺고 있는지 이해해 보고 환경을 위해 고기 섭취 시 어떤 실천을 하면 좋을지 생각해 보세요.

환경 감수성 들여다보기 · 축산업 종사자들이 고기 소비를 줄여야 한다는 말을 듣는다면 어떤 마음일까요? ○표 해 보세요.

> 걱정됨   억울함   이해함   불편함   평화로움

> **더 알아보기 | 채식에 대한 열린 마음**
>
> 최근 몇 년 사이에 건강, 환경, 윤리적 이유로 채식하는 사람들이 늘어나고 있습니다. 채식은 단순한 식생활 문제가 아니라 세계화, 도시화, 종교적 신념, 문화적 규범까지 복잡하게 얽혀 있습니다. 따라서 다른 사람의 식생활을 존중하고 채식에 대한 생각을 자유롭게 소통하는 열린 마음이 필요합니다. 또한 환경을 위해서는 고기 섭취를 조금씩 줄이는 것이 좋겠지만, 각자의 상황에 따라 어떻게 고기를 소비할지 고민해 보아야 합니다.

내 생각 쓰기

● 기후 위기의 원인 중 하나인 고기 섭취를 줄이기 위해 전국에 있는 학교에서 채식 급식 도입을 논의하고 있어요. 그러나 '채식 급식은 맛이 없다'는 선입견 때문에 오히려 잔반이 많이 나올 거라 예상하거나 영양 불균형을 걱정하는 사람들도 있습니다. 여러분은 채식 급식의 날을 늘리는 데 찬성하나요, 반대하나요? 그 이유도 써 보세요.

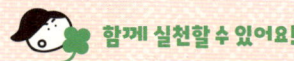 함께 실천할 수 있어요!

채소는 고기보다 종류가 많아서
다양한 조리법으로 맛을 즐길 수 있어요.

일주일에 한 번쯤 단백질이 풍부한
콩류, 견과류, 버섯과 채소로 식단을 계획해요.

★ 기억에 남는 단어를 찾아 ○표 해 보세요.

탄소 배출량   축산업   온실가스   메탄가스   채식

14 이동할 때

📝 나의 생활 살펴보기

- 학교나 학원을 갈 때 어떤 이동 수단을 이용하나요?

- 우리 지역에는 어떤 이동 수단이 있나요?

환경을 생각하며
이동 수단 선택하기

현대 사회에서 '교통'은 정말 중요해요. 이동 시간이 얼마나 걸리는지, 교통비가 얼마나 드는지, 접근하기 편리한지 등 여러 가지 조건을 고려하여 교통수단을 선택해요. 이때 한 가지 더 생각해야 할 조건은 바로 친환경적인가예요.

교통수단이 배출하는 탄소량은 지구의 온실가스 배출량 중 약 14%를 차지하고 있어요. 자동차를 운전할 때는 이산화 탄소와 같은 온실가스뿐만 아니라 질소산화물이나 미세먼지와 같은 대기 오염 물질이 배기구에서 바로 나와요. 그래서 자동차가 많은 도심 지역은 공기가 나빠 건강에도 위협이 돼요. 그래서 대기질이 더 이상 나빠지지 않도록 전기 자동차 이용을 권장하기도 해요.

그렇다면 가장 친환경적인 이동 방법은 무엇일까요? 교통수단 없이 직접 걷는 거예요. 하지만 기후 변화를 막고 대기 오염을 줄이기 위해 무작정 걸어 다닐 수는 없어요. 걸어가기 힘든 먼 거리일 수도 있고, 다리를 다쳐서 걷기 어려울 수도 있죠.

환경을 생각해서 자동차 대신 무조건 대중교통을 이용하는 게 좋을까요? 시골 지역에는 버스가 하루에 몇 대 있을까말까 하기도 해요. 이럴 경우에는 몇 사람 태우기 위해 커다란 버스를 운행하기보다 사람들을 모아 자동차를 타는 게 더 친환경적이죠.

이와 반대로 대중교통이 잘 발달되어 있는 도시 지역은 자동차가 더 불편할 수 있어요. 교통이 복잡하면 지하철이나 버스와 같은 대중교통이 더 빠를 수 있어요. 대중교통을 이용하면 교통비를 줄일 수 있고 주차 문제도 걱정하지 않아도 돼요. 게다가 걷는 방법은 공짜에 무엇보다 운동하며 자연스럽게 건강해지는 장점이 있어요.

무조건 지구를 지키는 행동을 하라고 설득하기보다는 각자의 상황에 맞게 어떤 이동 방법이 환경과 나에게 좋은지 이야기해 보는 것이 필요해요. 우리는 수많은 상황에서 어떤 방법을 선택할지 고민해요. 그럴 때마다 당연하게 편한 것만 찾게 되는데, 이제는 환경과 나를 위한 대안을 생각해 보세요.

 환경 감수성 들여다보기 • 가까운 거리도 차를 타거나 택시를 이용할 때 어떤 마음인가요? ○표 해 보세요.

> 편리함　무심함　안타까움　존중함　반성함

🍀 더 알아보기 | 친환경 자동차가 100% 친환경이라고 할 수 없는 이유

전기차와 수소차를 친환경 자동차라고 하는 이유는 온실가스나 대기오염물질이 배출되지 않기 때문입니다. 그러나 전기차 또한 모터를 작동시키는 배터리를 충전하기 위해 전기 에너지가 필요합니다. 전기차를 운행할 때는 친환경적이지만, 전기차를 생산할 때 필요한 에너지, 충전할 때 필요한 에너지까지 생각하면 100% 친환경적이라고 할 수 없습니다. 현재 우리가 쓰는 전기의 대부분은 결국 화석연료로부터 얻고 있기 때문입니다. 만약 태양광, 해상풍력과 같은 재생 에너지로 전기를 얻는다면 더욱 친환경 자동차에 가까워질 것입니다.

내 생각 쓰기

- 도시의 교통 혼잡과 미세먼지 문제를 해결하기 위해 여러 도시에서는 대중교통 환승 할인이나 공공 자전거 대여 서비스를 제공하고 있어요. 필요할 때만 빌려서 사용할 수 있는 공유 자동차 서비스도 있지요. 이와 같이 교통수단을 친환경적으로 이용할 수 있는 방법을 고민하여 써 보세요.

함께 실천할 수 있어요!

가까운 거리는 걷거나
자전거를 타고 이동해요.

자동차를 탈 때
가는 방향이 같은 친구가 있으면 함께 타고 가요.

★ 기억에 남는 단어를 찾아 ○표 해 보세요.

미세먼지 대기 오염 대중교통 친환경 자동차

종종 만나는
생활

15 동물원에서

🧢💬 나의 생활 살펴보기

- 동물원에서 봤던 동물들 중에서 어떤 동물이 기억에 남나요?
- 실내 동물원 카페에서 먹이주기 체험을 해 본 적이 있나요?

동물들을 생각하는 동물원의 역할

　날씨가 좋아서 나들이를 가고 싶은 날에는 동물원에 가요. 동물원에 가면 책에서만 보던 사자, 코끼리, 거북이, 물개뿐만 아니라 이름도 모르는 신기한 야생 동물들을 눈앞에서 볼 수 있지요. 동물들의 멋진 쇼도 볼 수 있고, 직접 먹이도 주며 잊지 못할 경험을 해요.

　동물원이 필요하다고 주장하는 사람들에 따르면, 동물원은 동물들의 생태를 알 수 있는 교육을 받을 수 있고 동물들과 교감할 수 있는 곳이라고 말해요. 그러나 실제 동물원의 모습은 그렇지 않은 경우가 많아요. 아프리카 초원에 무리 지어 사는 습성을 가진 동물들 혹은 열대 기후에 맞춰 진화해 온 동물들이 좁은 동물원 우리 안에 갇혀 새로운 환경에 적응해야 살아남을 수 있지요. 일부 야생 동물들은 관람객들의 호기심을 만족시키기 위해 야생성을 지키지 못하고 사육사의 관리를 받으며 쇼를 보여 주기도 해요. 또 관람객들이 무심코 주는 먹이에 동물원의 동물들은 배탈, 식욕부진으로 아프기도 해요.

　동물원으로도 모자라서 실내 체험동물원, 체험형 동물카페가 많이 생겼어요. 실내 동물원은 동물들의 생태에 맞지 않는 환경에서 동물들을 전시하고 있어요. 동물들은 본래 야생의 자연에서 살아가야 하는데, 사람들이 만들어 놓은 좁은 실내에 갇혀 있으니 얼마나 답답할까요? 우리가 보기에도 정말 열악한 환경이라는 생각이 들고, 불쌍하다는 마음에 오히려 불편하기까지 해요.

 다행히 동물 복지에 대한 인식이 점점 높아지고 동물원의 부적절한 환경과 동물 체험이 계속 논란이 되면서 최근 동물 복지에 대한 규제가 강화되었어요. 2023년 12월 14일 시행된 개정 '동물원 및 수족관의 관리에 관한 법률(동물원수족관법)'에 따르면 '공중의 오락 또는 흥행을 목적으로 보유 동물에게 불필요한 고통, 공포 또는 스트레스를 가하는 행위로서 관람객에게 동물에 올라타게 하거나 관람객이 동물을 만지게 하거나, 관람객이 동물에게 먹이를 주게 하는 행위를 원칙적으로 모두 금지'하였어요. 우리도 생명의 존엄성과 소중함을 알고 동물을 보호하기 위한 동물원의 역할에 대해 함께 고민해야 해요.

 환경 감수성 들여다보기 · 동물원에 온 관람객들을 위해 공연하는 동물들은 어떤 마음일까요? ○표 해 보세요.

힘듦　외로움　그리움　화남　도망치고 싶음

더 알아보기 | 동물들의 보금자리가 되는 동물원

　열악한 전시환경이나 동물들을 상품으로 취급하는 문제로 동물원을 없애야 한다는 의견이 많습니다. 그러나 더 큰 문제는 동물들의 서식지인 자연 생태계 자체가 훼손되고 사라진다는 점입니다. 그러므로 동물원의 폐지만 주장하기보다는 동물원이 관람객이 아닌 동물을 위한 역할을 제대로 하고 있는지 따져봐야 합니다. 동물원은 동물들의 생태와 습성을 연구하여 멸종 위기 동물을 보호할 수 있는 기능을 하기 때문입니다. 실제로 충청북도에 있는 청주동물원은 환경부 서식지 보전 기관으로서 야생 동물을 구조해 치료한 뒤 재활훈련을 통해 자연으로 돌려보내거나 자연에 돌아가지 못하는 동물을 보호하는 역할을 하고 있습니다.

내 생각 쓰기

- 2020년 7월 20일, 용인 에버랜드 동물원에서 아기 판다가 태어났어요. 우리나라에서 처음으로 자연 번식에 성공하여 태어난 판다, 푸바오예요. 사람들은 푸바오와 사육사가 행복하게 지내는 영상을 보며 멸종 위기종인 판다에 관심을 갖게 되었고 동물 하나하나의 개체를 소중하게 바라보기 시작했어요. 여러분도 멸종 위기에 처한 동물을 하나 골라 사람들에게 알리는 글을 써 보세요.

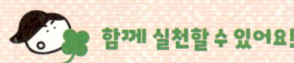 함께 실천할 수 있어요!

우리와 같은 소중한 생명체인 동물에게 관심을 갖고 돌보는 태도가 필요해요.

실내 체험동물원의 환경이 좋지 않거나 동물들을 힘들게 하는 것 같다면 기관에 알리고 가지 않는 것이 좋아요.

★ 기억에 남는 단어를 찾아 ○표 해 보세요.

야생 동물   실내 체험동물원   동물 복지   멸종 위기 동물

16 스마트폰을 살 때

💬 나의 생활 살펴보기

- 우리 가족들은 스마트폰을 얼마나 자주 바꾸나요?
- 어떤 이유로 스마트폰을 바꾸었나요?

국제 문제까지 영향을 주는 전자 폐기물

 스마트폰을 접하는 연령이 점차 낮아지면서 요즘 아이들이 가장 갖고 싶은 물건 중 하나가 스마트폰이라고 해요. 그런데 혹시 우리 일상에서 떼려야 뗄 수 없는 스마트폰이 환경 문제와 관련이 있다는 사실을 알고 있나요? 스마트폰이 한 번 쓰고 버리는 일회용품은 아니지만, 스마트폰을 만들고 사용하고, 버리는 과정에서 환경이 오염되고 있어요.

 스마트폰과 같은 전자제품을 만들 때 꼭 들어가야 하는 중요한 금속들이 있어요. 이 금속들을 캐내는 과정부터 여러 문제가 있어요. 예를 들어 스마트폰 배터리 또는 회로에 쓰이는 코발트와 탄탈럼은 대부분 콩고에서 채굴되고 있어요. 그런데 채굴 지역에 대한 특별한 규제가 없어 고릴라와 같은 야생 동물의 서식지가 파괴되었고, 채굴 과정에서 중금속 폐기물 등이 물, 공기, 토양에 그대로 노출되어 최악의 오염 지역으로 지정되기도 했어요. 오염을 다시 정화하는 데 엄청난 비용이 들기 때문에 개발도상국에서만 채굴하고 있어요.

 스마트폰의 원료를 얻는 과정에서 환경이 오염되기도 하지만, 스마트폰에는 각종 플라스틱과 여러 가지 금속이 들어 있어서 폐기할 때도 환경 오염이 발생하고 있어요. 전자 폐기물 안에는 금, 은, 구리, 팔라듐 등 재활용할 수 있는 금속이 많이 있음에도 금속을 분리하는 비용이 더 많이 든다는 이유로 대부분 개발도상국으로 떠넘겨져요. 개발도상국에서는 수입한 전자 폐기물을 별다른 처리 과정 없이 매립하거나 소각시키고 있어서 지역 주민들이 수은, 납, 카드뮴과 같은 중금속에 그대로 노출되고 있어요. 결국 개발도상국은 스마트폰을 생산할 때도, 스마트폰을 폐기할 때도 위험한 상황에 있는 것이지요.

만약 전자 폐기물에 들어있는 자원이 재활용되지 않는다면 결국 얼마 남지 않은 자원을 계속 채굴해야 하고 언젠가는 고갈되고 말 거예요. 그러므로 스마트폰이나 전자제품을 최대한 오래 사용하는 게 좋아요. 유행을 좇아 최신형 스마트폰으로 바꾸기 보다는 추억이 담긴 스마트폰을 아끼고 오래 사용하는 문화가 만들어졌으면 해요.

 환경 감수성 들여다보기 · 친구가 최신 스마트폰을 샀다는 소식을 들었을 때 어떤 마음이 드나요?
· ○표 해 보세요.

부러움   궁금함   기대감   괜찮음   뿌듯함

🌱 **더 알아보기** | 스마트폰이 고장 났을 때 직접 고치는 '수리할 권리'

스마트폰이 고장 나면 곧장 AS센터로 가지고 갑니다. 그런데 간혹 부품이 없거나 수리 비용이 비싸 차라리 새로 사는 게 나을 것 같아서 스마트폰을 바꾸는 경우가 많습니다. 간단하게 부품만 교체해서 수리할 수 있다면 굳이 바꾸지 않아도 되는데 말입니다.

이에 소비자들이 전자기기를 직접 고쳐 사용하는 '수리할 권리'가 대두되고 있습니다. 유럽은 이미 '수리할 권리' 보장법을 시행하고 있고, 미국에서는 애플, 삼성 등 스마트폰 제조업체들이 소비자가 설명서를 보고 직접 고칠 수 있도록 자가 수리 서비스를 제공하기 시작했습니다. 앞으로는 전자 폐기물과 전자제품의 낭비를 줄이기 위해 자가 수리 서비스가 더욱 확대될 전망입니다.

내 생각 쓰기

- 2023년 스마트폰 평균 교체 주기는 역대 최장인 43개월을 기록했어요. 스마트폰의 성능이 좋아졌지만 비싼 값으로 인해 소비자들은 스마트폰 교체 시기를 점점 미루게 된 거죠. 스마트폰은 기능과 디자인 등에 따라 종류가 매우 다양해요. 만약 휴대폰이나 스마트폰을 구매한다면 아래 보기와 같이 어떤 조건을 고려할 것인지 써 보세요.

기능, 가격, 회사, 디자인, 유행 등

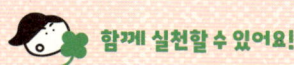 함께 실천할 수 있어요!

평소에 스마트폰이나 태블릿 PC를 오래 쓸 수 있도록 소중하게 다뤄요.

안 쓰는 휴대폰을 '나눔폰.kr' 사이트를 통해 기부하면 개인정보는 안전하게 파기할 수 있고 부품 재활용이 가능해요.

★ 기억에 남는 단어를 찾아 ○표 해 보세요.

중금속   개발도상국   전자 폐기물   수리할 권리

17 스마트폰을 사용할 때

 나의 생활 살펴보기

- 스마트폰을 하루에 몇 시간 정도 사용하나요?
  　　　　　　　　　　시간

- 스마트폰 없이 하루를 보낸 적이 있나요?

데이터를 쓸수록 늘어나는 탄소 배출량

무선 인터넷을 사용할 수 있는 스마트폰만 있다면 심심할 틈이 없지요. 하지만 스마트폰의 제조 단계에서 생기는 환경 문제도 있지만 스마트폰의 무선 인터넷 사용량이 환경에 영향을 미치기도 해요. 데이터를 사용할 때 전기 에너지가 필요하기 때문이에요.

전 세계 사람들이 스마트폰으로 인터넷을 사용하면서 엄청난 양의 데이터가 실시간으로 처리돼요. 이 많은 데이터 신호를 24시간 내내 저장하고 처리하기 위해서는 성능이 좋은 컴퓨터, 즉 '서버'가 필요한데, 이 서버들이 산더미처럼 쌓여 있는 곳이 데이터 센터예요. 스마트폰으로 온라인 영상을 보려면 데이터 센터에 저장되어 있던 영상을 실시간으로 스마트폰에 전송 받아 재생하는데, 이 과정에서 30분짜리 영상을 재생하면 무려 1.6킬로그램의 이산화 탄소가 발생해요.

데이터 센터에서 서버를 작동시키기 위해 기본적으로 많은 전력을 사용하지만, 사실 이것보다 더 많은 전력이 데이터 서버 냉각에 사용되고 있어요. 데이터 서버들이 작동할 때는 엄청난 열기가 발생하는데, 서버 장비들은 열에 매우 약하기 때문에 열을 식히기 위해 강력한 냉각 처리 과정이 필요해요. 뜨거워서 폭발할 수도 있으니 데이터 센터 내부의 온도를 적절히 유지하기 위해 에어컨을 쉴 새 없이 가동하는 것이지요. 엄청난 양의 전기 에너지 사용이 또 다른 환경 문제를 불러와요.

정보통신기술(ICT) 분야가 계속 발달하고 AI 시대인 오늘날 스마트폰뿐만 아니라 생활 속 모든 기기들이 인터넷 데이터를 사용하게 되면서 데이터 사용량은 점차 늘어나고 있어요. 발달하는 기술과 함께 환경을 지키는 방법도 고민해야 할 시기예요.

환경 감수성 들여다보기 · 하루 종일 스마트폰을 사용하고 있는 친구를 보면 어떤 마음이 드나요? ○표 해 보세요.

걱정됨   후회됨   부끄러움   놀라움   부러움

> **● 더 알아보기 | 우리가 남기는 디지털 탄소발자국**
>
> 스마트폰과 같은 디지털 기기로 온라인에서 영상을 시청하거나, 검색 서비스를 이용하는 사람들이 많아지면서 '디지털 탄소발자국'이 급증하고 있습니다. 디지털 탄소발자국이란 디지털 기기를 사용할 때 발생하는 온실가스량을 의미합니다. 거의 모든 분야가 디지털 온라인화되면서 이로 인한 탄소 배출량이 전체 배출량의 2%를 차지할 정도입니다. 이는 항공기 운항 시 배출되는 탄소량과 비슷한 수준이며, 계속 늘어나는 추세라고 합니다.
>
> 우리는 스마트폰뿐 아니라 태블릿PC, 컴퓨터, 노트북 등 여러 종류의 디지털 기기를 사용합니다. 24시간 온라인에서 인터넷을 사용하고 데이터를 저장하거나 전원을 공급하는 데 탄소발자국을 남기고 있습니다. 디지털 탄소발자국을 줄이기 위한 노력이 필요합니다.

내 생각 쓰기

● 지나친 스마트폰 사용은 환경 문제뿐만 아니라 집중력을 흐리게 하고 수면, 시력, 자세 등 여러 건강 문제를 일으켜요. 그래서 스마트폰 사용 시간을 줄이려는 '디지털 디톡스'가 주목받고 있어요. 아래 보기와 같이 디지털 기기를 1시간 동안 내려놓고, 대신 할 수 있는 것을 찾아 계획해 보세요.

> 독서, 운동, 친구랑 놀기, 가족과 취미 생활 등

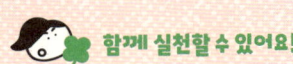 함께 실천할 수 있어요!

- 불필요한 광고나 스팸메일도 데이터 센터의 공간을 차지하기 때문에 수시로 저장 공간을 정리해요.

- 동영상을 실시간으로 재생하지 않고 다운로드한 후 재생하면 디지털 탄소발자국을 줄일 수 있어요.

★ 기억에 남는 단어를 찾아 ○표 해 보세요.

데이터 센터   디지털 기기   디지털 탄소발자국   디지털 디톡스

18 기념품이나 굿즈를 살 때

 나의 생활 살펴보기

- 굿즈를 사 본 적이 있다면 무엇이었나요?
- 기념품으로 받은 물건이 있다면 무엇이고, 잘 사용하고 있나요?

예뻐서 갖고 싶은 것과 꼭 필요한 것

　최근 들어 반짝 판매하고 사라지는 '팝업스토어'나 귀여운 캐릭터들로 팬심을 자극하는 '굿즈샵'을 자주 볼 수 있죠. 이런 곳들은 특별한 이벤트를 진행하고 적극적으로 홍보하여 지나가다 보면 몇 개 사보고 싶은 생각이 들어요.

　'굿즈'는 물건, 상품이라는 뜻의 경제학 용어예요. 최근에는 특정한 인물, 작품을 팬들에게 홍보하기 위해 나온 파생 상품이나 팬시 상품을 의미하는 단어로 쓰이고 있어요. 보통 여행지나 전시장에서 판매하는 기념품처럼 도서, 영화, 공연, 운동, 축제 등 다양한 분야에서 굿즈를 만들어 판매하고 있어요. 행사 기념품으로 나눠주거나 일정 금액 이상 물건을 구입하면 사은품으로 주는 경우도 있어요. 하지만 문제는 집집마다 굿즈가 쌓이고 있다는 점이에요. 굿즈는 비싸지 않은 컵, 우산, 가방, 부채, 수건 등 생활용품들이 많아요. 너무 많아 모두 사용하기도, 버리기도 애매해 먼지만 쌓이다가 결국 쓰레기가 되지요.

　요즘 발매되고 있는 음반에는 CD, 포토카드, 굿즈 등 다양한 상품이 포함되어 있는데, 최근 이 음반이 환경 문제로 거론되고 있어요. K팝의 인기가 높아지면서 음반 판매도 함께 늘고 있는데, 전체 팬의 절반 이상이 음반을 음악 감상이 아닌 굿즈를 수집하기 위해 구입한다고 해요. 팬들은 여러 개의 음반을 사서 포토카드나 굿즈만 꺼내고 CD 음반은 그대로 쓰레기가 되어 산더미처럼 쌓이는 것이 문제예요.

환경에 가장 좋은 방법은 굿즈를 안 만들고, 안 사고, 안 버리는 것이에요. 아무리 작고 저렴한 물건이라도 그 물건이 생산되고 유통, 처리될 때 에너지가 들어가지요. 내가 정말 필요해서 구입하는 것인지 아니면 마케팅에 휩쓸려 충동 구매한 것인지 잘 생각해 보세요. 그리고 환경을 위해서 소비가 아닌 다른 방법으로 즐거움을 찾아 보세요!

 환경 감수성 들여다보기 · 행사에서 받아 온 기념품을 보면 어떤 마음인가요? ○표 해 보세요.

귀찮음   아까움   후회함   만족함   불편함

🐝 더 알아보기 | **그린마케팅과 그린워싱**

최근 기업의 환경·사회적 책임이 강조되고 환경적 가치를 중요하게 생각하는 소비자들이 많아지면서 친환경 제품을 판매하는 '그린마케팅'을 하는 경우가 늘고 있습니다. 그린마케팅과 굿즈 마케팅을 동시에 하는 기업들이 환경을 생각한다며 에코백이나 텀블러 같은 친환경 제품을 제공합니다. 하지만 이미 많은 기업들이 같은 마케팅을 진행하고 있어서 더 이상 친환경이라고 할 수 없을 만큼 많은 굿즈를 마케팅에 활용하고 있습니다. 환경 보호를 위한 마케팅이라고 하지만 결국 소비자가 필요하지 않은 물건을 생산하고 소비를 부추기는 '그린워싱'이 되고 말았습니다.

내 생각 쓰기

- 여러 기업에서 브랜드 굿즈를 통해 마케팅에 열을 올리고 있는 한편, 환경을 생각해 버려지는 물건을 새롭게 디자인해 가치를 높이는 '업사이클링(새활용)' 브랜드가 인기예요. 업사이클링 제작자라고 생각하고 폐품을 재활용하여 새로운 물건을 만든다면 어떤 제품을 만들고 싶은지 아이디어를 써 보세요.

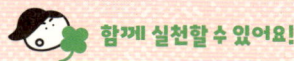 함께 실천할 수 있어요!

무료로 나눠주는 기념품도 이미 있거나 필요하지 않다면 받지 않아요.

나에게 꼭 필요한 물건이 아니면 사지 않아요.

★ 기억에 남는 단어를 찾아 ○표 해 보세요.

굿즈   그린마케팅   그린워싱   업사이클링(새활용)

19 장래 희망이 고민일 때

🧢💬 나의 생활 살펴보기

- 장래 희망은 무엇인가요?

- 지구 환경을 위해 무엇을 실천하고 있나요?

환경에 기여할 수 있는 직업

여러분은 20년 후에 어떤 일을 하고 있을까요? 내가 바라던 일을 할 수도 있고, 생각지도 못한 일을 하고 있을지도 몰라요. 지금은 모두 함께 교실에 앉아 공부하는 학생이지만, 어른이 되고 사회에 나가면 모두 다른 일을 하고 있을 거예요. 미래에는 여러분의 직업이 한 가지로 정해져 있지 않을 수도 있어요. 미래 사회는 지금과는 또 다른 환경이 펼쳐지면서 직업의 세계도 바뀌겠지요. 변화무쌍한 사회에 살고 있는 우리들은 변화하는 환경과 나의 상황에 따라 살면서 다양한 직업을 경험할 가능성이 높아요. 그래서 진로를 고민할 때 그 직업이 미래에 유망한 일인지, 내가 잘하고 좋아하는 일인지, 돈을 얼마나 벌 수 있는지, 언제까지 할 수 있는지 여러 가지 조건을 고려하게 되어요.

그런데 최근에 직업을 선택할 때 한 가지를 더 추구하는 사람들이 많아지고 있어요. 바로 개인의 자아실현뿐만 아니라 사회, 환경에 의미 있는 '기여'를 할 수 있는 일을 찾는 거예요. 환경이 사회의 중요한 문제가 되면서 '그린잡'에 대한 관심이 높아졌어요. 그린잡은 온실가스를 줄이고, 지구 환경을 보호하면서 친환경 제품과 서비스를 제공하는 일이에요. 아마 우리 모두가 미래에 그린잡을 갖게 되진 않을 거예요. 하지만 기후 위기 시대에 어떤 직업을 갖던지 어떻게 하면 환경에 좋은 영향력을 미칠 수 있을지 생각해 보는 게 중요해요. 예를 들어, 건축가라면 에너지를 덜 쓸 수 있게 친환경적으로 설계할 수 있을지, 또 음식점 사장님이라면 어떻게 하면 식재료나 포장 용기와 같은 자원을 낭비하지 않을 수 있을지 고민해 볼 수 있겠죠.

 만약 내가 하는 일이 환경을 오염시키고 다른 사람들과 동물들을 고통받게 할 수도 있다면, 결국 아무리 좋은 조건이라도 지속할 수 없을 거예요. 내가 사회 환경에 어떻게 기여할 수 있는지 고민해 보며 가치 있는 일을 찾아 보세요. 직업과 상관 없이 우리는 모두 환경시민이라는 것을 잊지 말아야 해요.

 **환경 감수성 들여다보기** · 내가 하는 일이 환경에 부정적인 영향을 준다면 어떤 마음일까요? ○표 해 보세요.

| 불편함 | 아쉬움 | 고민됨 | 미안함 | 두려움 |

🐛 더 알아보기 | 미래에 유망한 환경 관련 직업

 앞으로는 자원 고갈, 기후 변화, 생태계 파괴가 심각해지면서 전 세계가 환경 문제에 더욱 관심을 갖고 이를 해결할 수 있는 전문가를 찾게 될 것입니다. 그래서 환경 공학, 환경 정책, 환경 교육 분야의 직업들이 주목받고 있으며, 신재생에너지 전문가, 기후 변화 대응 전문가, 해양에너지 기술자, 스마트팜 구축가, 곤충 음식 전문가, 도시 재생 전문가, 스마트 재난 관리 전문가와 같은 새로운 직업들이 생겨나고 있습니다.

내 생각 쓰기

● 모든 사람들의 직업이 환경과 직접적인 관련이 있는 그린잡은 아니에요. 그러나 직업과 환경을 연결해 볼 수 있습니다. 내 장래 희망은 무엇인지, 그 직업에서 환경을 위해 할 수 있는 실천은 무엇인지 생각하여 써 보세요.

- 직업 : _____
- 환경과의 연관성 : _____
- 내가 할 수 있는 일 : _____

....

....

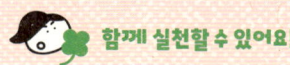 함께 실천할 수 있어요!

> 환경의 중요성을 알리고 실천하는 '환경 인플루언서'가 되어 보아요.

> 지금 할 수 있는 환경 보호 실천 방법을 찾아 매일 기록하고 공유해요.

★ 기억에 남는 단어를 찾아 ○표 해 보세요.
　　그린잡　　환경적 기여　　환경시민　　환경 인플루언서

20 독서할 때

🗨 나의 생활 살펴보기

- 한 달에 종이책을 몇 권 정도 읽나요?

  　　　　　　　　　　권

- 전자책을 본 적이 있나요?

전자책을 읽을까, 종이책을 읽을까?

집집마다 다양한 책들이 책장에 가득하죠. 어릴 적 부모님과 함께 읽은 그림책, 키득거리며 봤던 재미있는 만화책, 공부를 위해 풀었던 문제집, 여기저기서 받아 온 안내책 등 종류도 다양해요. 그뿐만 아니라 도서관이나 서점에는 계속 새로운 책들이 들어와요. 세상에 재미있는 책이 많아지는 것은 좋은 일인데, 한편으로는 걱정이 되기도 해요. 종이책을 만들기 위해서는 지구의 이산화 탄소를 흡수하는 나무를 베어 종이를 만들어야 하고, 제본된 책을 팔기 위해 옮기는 과정에서 탄소가 또 배출되니까요.

세상의 많은 부분이 디지털화되면서 출판 시장에도 휴대하기 좋은 '전자책'이 나왔어요. 전자책 단말기, 태블릿PC, 스마트폰만 있으면 언제 어디서든 여러 권의 책을 가볍게 볼 수 있게 되었죠. 과연 나무를 벨 필요 없는 전자책이 종이책을 대신하고 환경을 보호할 수 있을까요?

전자책 단말기를 사용할 때 필요한 전력량이 종이책의 제조와 유통 과정에서 발생하는 환경적 부담보다 적지만, 전자책도 탄소 배출량이 0은 아니에요. 종이책은 버려질 때 종이로 재활용될 가능성이 높지만, 전자기기는 전자 폐기물로 처리되므로 재활용이 복잡해져서 환경에 안 좋은 영향을 미치죠.

하지만 책을 많이 사서 보면 환경을 파괴하는 게 아닐까 심각하게 고민할 필요는 없어요. 책을 출판할 때 나오는 온실가스는 다른 분야에 비하면 아주 미미하답니다.

전자책과 종이책 중에 무엇을 선택할지는 개인의 취향에 따라 결정하면 돼요. 디지털과 아날로그의 방식 차이일 뿐이죠. 그럼에도 독서의 효과를 생각했을 때, 종이책의 힘은 분명해요.

지금 당장의 환경 보호도 중요하지만, 개인의 발달과 성장도 무시할 수 없어요. 청소년들의 학습 과정에서 직접 만지고, 읽고, 쓰고, 만드는 감각적인 경험은 아주 중요해요. 그러므로 종이책과 전자책을 활용할 때 환경 보호에 대한 인식을 잊지 않으며 효율적인 방법을 선택하면 좋겠어요.

 **환경 감수성 들여다보기** · 디지털 사회에서 종이책이 사라지고 전자책만 사용해야 한다면 어떤 마음일까요? ○표 해 보세요.

심심함   아쉬움   걱정됨   불편함   그리움

🌱 **더 알아보기** | **나무와 숲을 잘 보존하기 위한 노력**

일상생활에서 종이는 책, 각종 인쇄물, 종이가방, 제품 포장제, 택배박스, 종이컵, 휴지 등 아주 다양하게 활용됩니다. 종이는 플라스틱에 비해 썩는 기간이 짧고 재활용할 수 있기 때문에 상대적으로 친환경 재질로 받아들여집니다. 그러나 종이의 원료인 펄프도 소중한 자원인 나무로부터 얻기 때문에 아껴 써야 합니다. 숲에 있는 나무를 함부로 베지 못하도록 국제삼림관리협의회(FSC)는 목재를 채취, 가공, 유통하는 전 과정을 추적하고 관리하고 있습니다. 나무와 숲이 잘 보존될 수 있도록 평소 제품을 구입할 때에도 FSC 인증마크를 확인하는 습관을 갖는 게 좋습니다.

내 생각 쓰기

● 종이책과 전자책 중에서 어떤 것이 더 환경에 좋은지 말하기 어렵죠. 따라서 종이책과 전자책의 장단점 비교하여 써 보고 취향이나 생활 방식에 따라 선택해 보세요.

	종이책	전자책
장점		
단점		

 함께 실천할 수 있어요!

도서관이나 전자 도서관에서 읽고 싶은 책을 빌려 읽거나 친구와 책을 교환해서 봐요.

다양한 환경책을 읽고 친구들과 환경에 대한 생각과 느낌을 공유해요.

★ 기억에 남는 단어를 찾아 ○표 해 보세요.

종이책　전자책　FSC 인증마크

21 이사할 때

🧢💬 나의 생활 살펴보기

- 최근에 이사하는 모습을 본 적이 있나요?
- 이사하면서 버린 물건 혹은 새로 산 물건이 있다면 무엇인가요?

생활 폐기물이 가장 많이 나오는 이삿날

우리 집에서 쓰레기가 가장 많이 나오는 날은 언제일까요? 자주 경험하지는 않지만 아마 한 번 쯤은 해본 이삿날일 거예요. 이사 가기 전 집을 정리할 때, 이삿짐을 싸고 풀 때, 새집에 이삿짐을 정리할 때 계속 쓰레기가 나와요.

일상생활에서 나오는 쓰레기를 '생활 폐기물'이라고 해요. 생활 폐기물은 종량제 봉투에 버리는 일반 쓰레기, 음식물 쓰레기 그리고 재활용이 가능한 재활용 쓰레기로 분리해서 버리죠. 우리나라 국민 전체가 버린 쓰레기의 양은 얼마나 될까요? 우리나라에서 1인 기준으로 1년간 발생하는 생활 폐기물의 양은 350~450킬로그램 정도라고 해요. 한 사람이 하루에 1킬로그램 넘게 배출하는 셈이지요. 문제는 그 양이 점점 늘어나는 추세라는 점이에요. 한 사람이 쓰는 물건이 많아지고 금방 버려진다는 뜻이겠죠. 언뜻 생각해 보면 내 일상 중 쓰레기는 아무리 많아도 몇백 그램 밖에 안될 텐데, 왜 이렇게 많은 양을 배출하는 걸까요?

사실 우리가 간식이나 물건을 사고 버린 일반 쓰레기들의 부피나 무게는 그리 크지 않아요. 자주 나올 뿐이죠. 그런데 가끔 나오지만 아주 커다란 쓰레기가 있어요. 바로 가구, 가전제품, 침구, 대용량 제품과 같은 '대형 폐기물'이에요. 이사하면서 새집에 맞는 가구와 가전제품으로 한꺼번에 바꾸는 경우가 많아요. 이때 기존에 사용 중인 것을 버리고 새로 사는 과정에서 대형 폐기물이 많이 나오죠.

　이사를 하면서 인테리어 공사를 한다면 상황은 더 심각해져요. 기존 집에 있던 모든 벽지, 타일, 마루를 다 부수고 뜯어내니 얼마나 많은 폐기물이 나오겠어요? 이렇게 가정에서 소규모로 하는 5톤 미만의 인테리어 공사 폐기물도 '생활 폐기물'에 포함되어요.

　이사를 하면서 추억이 있는 오래된 가치, 나만의 취향을 간직하며 물건을 버리기 전에 다시 한번 생각해 보는 건 어떨까요?

 환경 감수성 들여다보기 ● 이삿짐을 정리할 때, 집안 가득히 포장된 박스들이 쌓여 있는 것을 보면 어떤 마음인가요? ○표 해 보세요.

> 놀람　후회함　답답함　만족함　피곤함

더 알아보기 | 쓰레기 처리 비용을 지불하는 '쓰레기 종량제'

　쓰레기를 버릴 때 쓰레기의 종류나 양에 따라 일정한 값을 지불하는 제도를 쓰레기 종량제라고 합니다. 쓰레기 배출에 따른 처리 비용을 사람들이 부담하도록 하여 쓰레기 배출을 억제하기 위한 제도입니다. 종량제 봉투, 음식물 쓰레기봉투, 대형 폐기물 등 버리는 쓰레기의 종류에 따라 비용을 지불합니다. 실제로 종량제 시행 전과 비교했을 때 쓰레기 발생량이 감소하였고, 동시에 종량제 봉투에 버리지 않은 재활용품은 증가했습니다.

　한편, 종량제 봉투에 넣을 수 없는 폐가전제품을 버릴 때에는 무료로 수거해주는 서비스를 이용할 수 있습니다. 가전제품을 수리하거나 금속 등을 안전하게 처리하여 자원 재활용이 이루어집니다.

내 생각 쓰기

● 앞으로 살 집으로 이사할 때 여러 가지 소비를 하게 되죠. 우리 가족은 어떤 선택을 하는지 아래에서 골라 환경과 관련지어 써 보세요.

> 물건을 버리고 새로 산다.　VS　새로 사지 않고 그대로 사용한다.

✎ ....
....
....
....

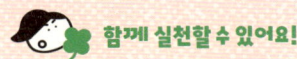 함께 실천할 수 있어요!

> 평소에 물건을 잘 정리하고,
> 우리 집에 있는 물건의 소중함을 기억해요.

> 물건이 집으로 들어오는 것은 쉬운데 다시 나가기는 너무 어려워요. 그러므로 물건을 살 때마다 신중하게 고민해요.

★ 기억에 남는 단어를 찾아 ○표 해 보세요.

　　　생활 폐기물　　대형 폐기물　　쓰레기 종량제　　폐가전제품

22 축제에서

🧒💬 나의 생활 살펴보기

- 가장 최근에 가 본 축제나 행사는 무엇인가요?

- 우리 지역을 대표하는 축제는 무엇인가요?

친환경적인 축제의 필요성

　이번 주말에는 어디 갈까? 뭐하고 놀까? 뭔가 특별한 게 없을까? 주말을 앞두고 많은 가족들이 고민하고 검색하곤 해요. 나들이를 가면 가족들과 바람 쐬며 특별한 체험을 하면서 추억을 만들 수 있으니까요. 갈 만한 곳을 찾아보면 '이런 행사도 있나' 싶을 정도로 다양한 볼거리, 먹거리, 즐길 거리들이 전국 곳곳에서 진행되고 있어요.

　하지만 최근 몇몇 축제나 행사가 날씨 때문이 아닌 시민들의 반대로 취소된 경우가 있었어요. 해마다 새해를 기념하며 했던 풍선 날리기 행사가 야생동물들의 목숨을 위협한다는 것이 알려지면서 많은 시민들이 민원을 제기했고 행사가 취소되기도 했어요.

　축제를 더 아름답게 장식하기 위해 '불꽃놀이'를 하기도 해요. 하지만 환경을 생각하는 눈으로 불꽃놀이를 본다면 마냥 즐길 수 없을 거예요. 폭죽이 터지는 짧은 시간 동안 폭죽에서 나오는 화학 물질이 심각한 대기 오염을 일으켜요. 폭죽에서 나온 화학 물질은 연기처럼 우리 눈에 보이는 커다란 입자 형태로 공기 중에 남아있어요. 이를 직접 흡입하면 건강에 큰 위협이 돼요. 또한 폭죽의 파편이나 잔해물들이 도심의 숲이나 강에 떨어져 생태계를 파괴해요. 도심 속 동물에게 소음 공해, 빛 공해도 일으키지요.

이런 문제점들로 인해 최근에는 폭죽 대신 드론 날리기 행사를 열기도 해요. 수백 개의 드론을 작동시키려면 에너지가 필요하지만 직접적으로 대기 오염을 일으키지 않고 소음이 나지 않는다는 점에서 불꽃놀이의 대안으로 떠오르고 있어요.

축제를 여는 주최자들이 이벤트가 환경에 미치는 영향을 생각하며 준비하는 것도 중요하지만, 진정으로 아름다운 축제가 되기 위해서는 축제를 즐기는 시민들의 관심과 태도도 매우 중요해요. 축제가 끝난 뒤, 잔뜩 버려진 쓰레기들도 축제의 모습이니 내 쓰레기는 내가 챙겨서 버려야 한다는 점을 잊지 마세요.

 환경 감수성 들여다보기 자연환경을 해치거나 쓰레기가 많이 나오는 축제 현장을 보면 어떤 마음이 드나요? ○표 해 보세요.

| 미안함 | 책임감 | 화남 | 안타까움 | 무관심 |

🔍 더 알아보기 | 축제를 대하는 여러 가지 마음

강원도 화천에서 열리는 '산천어 축제'는 한 해 100만 명이 넘는 관광객들이 찾는 겨울철 큰 축제 중 하나이지만 시민들이 강하게 반발하기도 합니다. 얼음낚시 같은 체험을 즐길 수 있어 많은 사람들이 찾아오기 때문에 지역 경제 활성화에 도움이 될텐데 어떤 점 때문에 반대하는 것일까요?

축제에 사용되는 산천어는 원래 화천에 사는 것이 아니라 전국 양식장에서 운반해 오는 것입니다. 축제를 위해 물막이 작업을 해서 강물의 자연스러운 흐름을 막아서 결국 화천천의 생태계가 파괴되기도 합니다. 축제가 끝난 얼음 속은 물고기 무덤이 되고, 해마다 약 60만 마리의 산천어가 희생된다고 합니다.

내 생각 쓰기

● 각 지역의 유명한 축제나 지역 주민들을 위한 문화 행사가 자주 열려요. 내가 참여한 지역 축제나 행사가 있다면 좋았던 점과 아쉬웠던 점을 정리해 보세요. 그리고 좋은 축제 문화를 만들기 위해 무엇이 필요한지 써 보세요.

- 내가 참여한 축제나 행사 : _____
- 좋았던 점 : _____
- 아쉬웠던 점 : _____
- 좋은 축제 문화가 되기 위한 조건 : _____

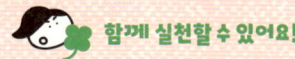 함께 실천할 수 있어요!

> 지역 축제에 참여하여 좋은 축제 문화를 만들기 위해 적극적으로 의견을 내요.

> 축제에 참여할 때 쓰레기를 아무데나 버리지 않고 잘 처리해요.

★ 기억에 남는 단어를 찾아 ○표 해 보세요.

불꽃놀이   소음 공해   빛 공해

23 운동할 때

 나의 생활 살펴보기

- 여가 시간에 주로 무엇을 하나요?

- 요즘 하는 운동은 무엇인가요?

내 몸과 지구를 살리는 운동

 최근 들어 청소년들의 운동 부족 문제가 매우 심각해요. 우리나라 10대 청소년의 운동량은 세계 최하위 수준이라고 해요. 건강한 몸을 유지하기 위해서는 중간 강도로 일주일에 최소 150분 정도, 즉 30분씩 5번 운동을 해야 한대요. 그런데 우리나라 국민생활체육 조사에 따르면 10대 청소년의 절반이 일주일에 30분도 운동하지 않는다는 결과가 나왔어요.

 운동 부족은 과체중으로 이어지기도 하고 체력과 면역력이 약해져 다른 질병을 일으킬 수도 있어요. 귀찮고 힘들어서 운동을 전혀 안 하다가 결국 아프고 나서야 운동의 중요성을 깨닫게 돼요. 그렇기 때문에 건강을 잃기 전에 하루에 조금씩이라도 운동해서 내 스스로를 지켜야 해요.

 환경을 위해 무언가를 실천하고 싶다면 오늘 당장 운동을 시작해 보세요. 가까운 곳은 걸어 다니거나 자전거를 타고, 높지 않은 층은 엘리베이터 대신 계단을 이용해요. 운동을 하면 탄소 배출을 줄이는 효과가 있거든요. 내 몸 안에 있는 에너지를 사용하여 화석 에너지, 전기 에너지를 아낄 수 있어요.

 운동을 하면 집 밖으로 나가 자연환경을 접할 기회가 많아져요. 주변

공원에서 가볍게 산책하기도 하고 등산을 하거나 바다에서 수영을 즐길 수 있어요. 아름다운 자연에 감탄하고 자연환경의 가치를 알게 되면서, 자연의 아름다움이 훼손되지 않게 보호하려는 마음이 자연스럽게 생기지요.

 운동은 신체 건강뿐 아니라 정신 건강에도 도움을 줘요. 운동하는 동안 호흡을 하고 땀을 배출하며 걱정이나 고민도 내려놓을 수 있고 활력이 생겨 불안과 우울도 줄어들어요. 친구들과 함께 하는 운동이라면 즐거움은 배가 되지요. 뇌의 기능도 활성화시켜 기억력과 창의력도 높여 줘요. 변화무쌍하고 아름다운 자연과 더불어 자란 어린이야말로 최고의 에너지를 가진 건강한 존재이니 꾸준한 운동으로 활기찬 하루를 보내세요.

환경 감수성 들여다보기 · 이번 주말에 부모님이 함께 등산을 가자고 하신다면 어떤 마음일까요? ○표 해 보세요.

| 귀찮음 | 기대감 | 행복함 | 힘듦 | 신남 |

더 알아보기 | 자연환경을 지키며 즐기는 여가 활동

 여가 시간을 뜻하는 레저와 스포츠를 합쳐 '레포츠'라는 말이 있습니다. 그만큼 여유로운 시간에 스포츠를 취미 활동으로 많이 즐기고 있다는 말입니다. 그런데 스포츠 활동 중에 자연환경을 해치는 경우가 있습니다.
 예를 들어, 대부분의 골프장은 산을 깎아 잔디를 심어 만듭니다. 게다가 골프장 잔디 관리를 위해 엄청나게 많은 양의 물과 농약을 사용하여 환경에 나쁜 영향을 끼칩니다. 또 스키장에서는 기후 변화로 인해 인공눈을 더 많이 만드는 과정에서 많은 물과 전기 에너지를 사용하는 문제가 있습니다.
 그보다는 등산이나 자전거 타기, 달리기처럼 아름다운 자연환경을 훼손하지 않고 눈으로만 즐길 수 있는 운동에 도전해 보기를 바랍니다.

내 생각 쓰기

● 많은 사람들이 운동에 흥미가 없어서, 운동할 시간이 없어서, 운동을 못해서 자꾸 미루는 경우가 있어요. 건강하고 멋진 환경시민이 되기 위해 오늘 당장 해볼 수 있는 운동을 아래 보기에서 찾아 가족들과 계획을 세워 보고 아래의 내용을 정리해 보세요.

> 걷기, 달리기, 계단 오르기, 줄넘기, 자전거 타기, 춤추기, 팔굽혀 펴기,
> 등산하기, 요가, 수영, 축구, 농구, 배구, 배드민턴, 탁구, 태권도

- 내가 하고 싶은 운동 : _____
- 운동 시간표 : _____
- 운동한 후 인증 또는 보상하는 방법 : _____

_____

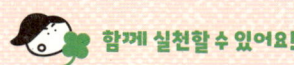 함께 실천할 수 있어요!

> 전기 에너지를 쓰는 체육관보다는
> 자연을 즐길 수 있는 공원, 숲에서 운동해요.

> 운동과 여가를 즐긴다며 자연을 훼손하거나
> 쓰레기를 함부로 버리지 않아요.

★ 기억에 남는 단어를 찾아 ○표 해 보세요.

운동 부족   자연 보호   레포츠   여가 활동

24 배달음식을 먹을 때

 나의 생활 살펴보기

- 우리 집은 일주일에 몇 번 정도 배달음식을 시켜 먹나요?

  　　　　　　　　　　번

- 배달음식 용기를 잘 분리배출하나요?

쓰레기가 나오지 않는 배달음식

　배달 앱으로 간편하게 음식을 주문하는 것은 이제 일상이 되었지요. 문제는 배달 서비스가 늘어나면서 발생되는 배달 쓰레기의 양도 늘어났다는 거예요. 음식을 한 번 주문할 때마다 다양한 크기의 음식 뚜껑, 수저, 포크, 포장 비닐과 같은 플라스틱이 함께 배달되죠. 문 앞에 배달된 커다란 비닐봉지에 들어있는 플라스틱 용기가 모여 우리나라에서만 하루 1000만 개가 넘는 일회용 배달 쓰레기가 나온다고 하니 엄청나죠.
　음식은 편하게 먹었지만, 용기를 처리하는 불편은 피할 수 없어요. 처리해야 하는 용기도 많아 음식물 쓰레기는 따로 버리고 분리배출하려니 설거지보다 더 골치 아픈 것 같아요. 배달 음식은 야외에서 시키는 경우가 많아서 처음 배달되었던 비닐봉지 하나에 모든 용기를 넣어 처리되기도 하죠. 재활용 분리배출의 4가지 원칙인 '비(우고) 헹(구고) 분(리하고) 섞(지 않는다)'이 하나도 지켜지지 않고 있어요. 재활용 선별장에 보내진다 하더라도 음식물을 담았던 용기는 결국 소각될 가능성이 커요.
　지긋지긋한 배달 쓰레기에 사람들은 환경을 위한 작은 생각을 모아 행동하기 시작했어요. 바로 용기(勇氣) 내서 가게에 직접 다회용기(容器)를 가져가 음식을 포장해 오는 '용기내 챌린지' 도전이에요. 가게에 그릇을 챙겨가야 하는 번거로움이 있지만, 쓰레기가 나오지 않는 것처럼 가벼운 마음에 뿌듯함도 더해져요.

  배달 앱에서 배달 주문을 할 때 '일회용 수저 안 받기'를 기본 설정으로 바꾸니 한 달 만에 일회용 수저 주문이 6,500만 건 이상 줄어들었다고 해요. 배달 쓰레기를 줄이기 위한 가장 좋은 방법은 배달 횟수를 줄이는 것이지만 배달 문화를 바꾸는 것도 중요해요. 배달 앱 기업, 가게, 소비자 그리고 정부까지 모두 협력한다면 쓰레기 없는 배달이 가능해질지도 몰라요.

환경 감수성 들여다보기 · 배달 음식을 시킬 때와 배달 쓰레기를 치울 때에는 각각 어떤 마음인가요? ○표 해 보세요.

| 기대됨 | 편리함 | 귀찮음 | 죄책감 | 불편함 | 후회함 |

🐛 더 알아보기 | 플라스틱 용기 안전하게 사용하기

  우리 생활 주변에서 흔히 사용하는 포장재 플라스틱의 종류는 PE, PP, PS, PET, PVC, PC 등 다양합니다. 이 중 음식점 배달 용기로는 PP(폴리프로필렌), PS(폴리스티렌), PET(폴리에틸렌테레프탈레이트) 재질이 주로 사용됩니다. 그런데 일부 플라스틱 용기에서는 열과 기름에 약해서 뜨거운 물이나 지방성 음식물에 닿았을 때 환경호르몬(내분비교란물질)이 나올 가능성이 있습니다. 따라서 평소에 플라스틱 용기 사용을 줄이고, 용기째 전자레인지에 데우는 것도 주의해야 합니다.

내 생각 쓰기

● 배달 서비스를 이용하는 사람들이 많아지면서 덩달아 처리해야 할 배달 쓰레기도 많아졌어요. 배달 쓰레기를 줄이기 위해서는 어떤 방법이 가장 좋을까요? 아래 보기를 참고하여 써 보세요.

> 외식하기, 일회용품 거절하기, 다회용기 사용하기,
> 친환경 소재의 일회용기 개발하기

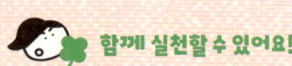 함께 실천할 수 있어요!

배달 주문할 때 필요하지 않은 일회용 수저나 포크, 비닐봉지는 "괜찮습니다."라고 거절해요.

배달 주문을 할 때 다회용기에 음식을 제공하는 가게를 이용하거나, 직접 다회용기를 가져가서 포장해요.

★ 기억에 남는 단어를 찾아 ○표 해 보세요.

배달 쓰레기   재활용 선별장   비헹분석   다회용기

25 여행갈 때

나의 생활 살펴보기

- 가장 최근에 다녀 온 여행지는 어디인가요?

- 여행지에서 기억에 남는 경험은 무엇인가요?
  예) 풍경, 음식, 체험 등

환경을 지키는
지속가능한 여행

여러분은 여행을 좋아하나요? 처음 맛본 음식, 멋진 풍경, 재밌는 체험 등 여행하며 겪은 이야기들은 추억이 되어 삶의 활력이 돼요.

관광 산업은 전 세계가 배출하는 온실가스 양의 약 5~8%를 차지한다고 해요. 여행하는 내내 교통수단을 이용하고, 숙소에서 머물고, 음식을 먹으며 탄소를 배출하죠. 아름다운 자연을 오래도록 보존하면서 지역 주민들의 경제도 살릴 수 있는 지속가능한 여행을 위해서는 물건 고르듯이 관광 상품을 소비하기보다 '여행의 가치'를 경험하는 것이 중요하죠.

지속가능한 여행은 어떻게 할 수 있을까요? 여행은 선택의 연속이에요. 어디로 갈지, 얼마 동안 갈지, 어떻게 이동할지, 어디에서 머물지, 무엇을 가지고 갈지, 무엇을 먹을지, 무엇을 할지 계속 결정해야 해요. 이때 환경을 위한 선택이 무엇인지 한 번쯤은 고민해 보면 좋겠어요. 예를 들어 자가용을 이용하는 것보다는 버스나 특히, 기차를 이용하는 게 가장 좋아요. 숙소에 가서도 내 집, 내 물건 사용하듯이 에너지를 절약해야 해요.

가끔 관광객들이 편리함과 즐거움을 누리느라 관광지가 오히려 훼손되는 경우가 있어요. 관광객들이 늘어나면서 관광지를 과하게 개발하거나 관광지에 함부로 쓰레기를 버리고 가는 것을 보면 눈살을 찌푸리

게 되죠. 지역 주민들도 불만을 갖기 시작하고, 관광지의 자연환경이 파괴되면 앞으로는 그 지역을 여행할 수 없게 되어요.

　따라서 여행지의 자연을 보호하며 여행지의 주민들을 존중해야 해요. 반대로, 손님을 맞이하는 여행지 주민들의 노력도 필요해요. 여행객들이 좋은 기억을 갖고 또 찾아올 수 있도록 자연을 아름답게 가꾸고 지역 특산물 또는 특색 있는 체험 활동을 발전시켜야 해요. 이번 방학에는 가족과 함께 친환경 여행을 해보는 건 어떨까요?

 **환경 감수성 들여다보기**　　북유럽에서는 비행기 여행은 탄소 배출량이 많아 부끄러운 일이라는 뜻의 '플뤼그스캄(Flygskam)'이라는 신조어가 생겼어요. 여러분은 비행기로 여행할 때 어떤 마음인가요? ○표 해 보세요.

> 설렘　부끄러움　죄책감　부러움　자랑스러움

더 알아보기 | 코로나 시기 이후의 '보복 관광'과 '과잉 관광'

　코로나 시기에는 관광 산업이 매우 침체되었습니다. 하지만 일상이 회복되면서 한동안 여행을 참아왔던 마음을 표출이라도 하듯 '보복 관광'을 하는 사람들이 늘어났습니다.

　관광 산업이 국가 경제의 주요 산업인 나라들은 해외여행객이 다시 늘어나 반가워하지만, 문제는 너무 한꺼번에 여행객이 몰린다는 점입니다. '과잉 관광'으로 인해 혼잡, 안전, 환경파괴 문제가 생기고 있습니다. 이에 따라 더욱 지역 사회와 관광의 조화, 환경·문화유산 보호 등 지속 가능한 관광이 요구되고 있는 시점입니다.

내 생각 쓰기

● 탄소중립 실천을 위해 국내 여행을 하는 사람들이 많아졌어요. 가까운 지역 여행지를 찾고 경험을 강조한 여행이 많아졌지요. 만일 내가 지역 여행 가이드라면 '친환경'을 주제로 어떤 여행을 기획하고 싶은지 아래 보기에서 찾아 적어 보세요.

- 탄소배출량 계산하기
- 배낭 1개에 여행 짐 싸기
- 로컬 식당이나 로컬 제철 음식 알아보기
- 친환경 가치 확산 여행지, 탄소중립 실천 여행지, 생태 탐사 여행지 알아보기
- 친환경 체험이나 캠페인, 이벤트 계획하기

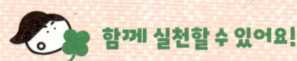 함께 실천할 수 있어요!

여행할 때는 탄소 배출량이 상대적으로 많은 자동차나 비행기보다 기차를 이용해요.

여행지에서 계획에 없던 기념품을 마구 사지 않아요.

★ 기억에 남는 단어를 찾아 ○표 해 보세요.
　　　지속가능한 여행　관광 상품　플뤼그스캄　탄소중립

113

26 옷을 살 때

 나의 생활 살펴보기

- 옷을 얼마나 자주 사나요?

- 나는 옷이 많은 편인가요? 몇 개 정도 있을 것 같나요?

재활용이 어려운 옷 쓰레기

　계절이 바뀌어서 사고, 기분이 좋거나 우울해서 사고, 그냥 지나가다 예뻐 보여서 산 옷들이 집 옷장을 가득 채우고 있어요. '옷장에 옷은 많은데 입을 옷이 없다'는 생각에 계속 새로운 옷들을 사지요. 결국 쌓이고 쌓인 헌 옷들은 옷장에서 쫓겨나요. 대부분의 헌 옷들은 버릴 정도로 낡은 상태가 아니기 때문에 다른 사람이 입으면 좋겠다는 마음으로 '헌 옷 수거함'에 넣어요. 그리고 또 가벼운 마음으로 새 옷을 사러 가지요. 그러나 헌 옷 수거함에 들어간 옷들은 대부분 수거업체를 통해 다른 나라로 수출되고 있어요. 우리나라에서 나온 옷 쓰레기를 다른 나라에 대신 처리해달라고 떠넘기는 것이지요. 주로 인도, 캄보디아, 필리핀, 방글라데시, 파키스탄과 같은 나라로 보내져요. 이 나라들에서는 폐기물 처리 시스템이 열악해서 강 인근에 버리거나 시장 근처에서 옷을 불 태워요. 풀을 뜯어 먹어야 할 소들이 버려진 폐 섬유를 먹고, 식수로 사용되던 강물은 심각하게 오염되었어요.

　전 세계 의류 소재의 재활용 비율은 12% 정도로, 옷 쓰레기는 다른 쓰레기에 비해 재활용이 쉽지 않아요. 옷 소재와 색깔이 매우 다양하고 부속품도 많아 분류하기가 굉장히 까다롭지요. 재활용 소재로 만들었다고 하는 옷들도 대부분 옷 섬유가 아닌 페트병과 같은 플라스틱을 재활용한 것이지요. 결국 재활용하는 데 시간도 오래 걸리고 비용도 많이 들어서 다른 쓰레기와 마찬가지로 땅에 묻거나 불에 태워요.

 이런 현실에도 불구하고 옷 생산과 소비는 갈수록 과해지고 빠르게 진행된다는 게 심각한 문제에요. 최신 유행을 즉각 반영하여 빠르게 제작하여 유통시키는 의류를 가리켜 '패스트 패션(빠른 소비 패션)'이라는 말이 생길 정도예요.

 재활용이 어려운 옷 쓰레기를 줄이는 방법은 '재사용'하는 거예요. 헌 옷 수거함에 버리기 전에, 새 옷을 사기 전에 재사용할 수 있는 방법을 찾아보세요. 돈도 절약할 수 있고, 지구도 살릴 수 있어요!

환경 감수성 들여다보기 · 환경을 생각하여 '새 옷'을 사는 대신 '헌 옷'을 물려 입거나 중고 거래 하는 사람들을 보면 어떤 마음이 드나요? ○표 해 보세요.

만족감   대단함   부끄러움   불쌍함   동참함

❋ 더 알아보기 | 옷을 만들 때도 필요한 에너지

 옷이 생산되어 우리한테 오기까지 원단 자체의 자원뿐만 아니라 디자인, 염색, 가공, 제작, 유통, 판매, 홍보에 많은 에너지가 필요합니다. 청바지 한 벌을 만드는 데 물 7,000리터가 필요할 만큼 우리가 생각지도 못한 에너지가 옷을 만들 때부터 쓰입니다. 그런데 세계적으로 매년 생산되는 약 1,000억 벌 이상의 의류 가운데 73%가 '브랜드 가치 유지'라는 이유로 '새 옷' 그대로 폐기되는 잘못된 관행이 이루어지고 있습니다. 이는 옷을 생산할 때 들어간 많은 에너지를 그대로 버리는 것과 같습니다.

내 생각 쓰기

● 옷을 살 때부터 다 입고 난 옷을 어떻게 처리할지 고민해야 해요. 옷을 살 때 어떤 방법이 더 친환경적일지 아래 보기 중 하나를 골라 생각을 써 보세요.

> 싼 옷 자주 사기, 물려 입기, 비싼 옷 가끔 사기, 중고 거래하기, 옷 안 사기

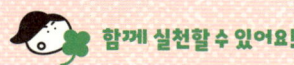 함께 실천할 수 있어요!

> 계절별 옷들이 한 눈에 보이도록 정리해 충동적으로 옷을 사지 않아요.

> 옷 쓰레기를 줄이기 위해 옷이 필요할 때는 무조건 사기보다 중고 거래를 이용하거나 물려 입어요.

★ 기억에 남는 단어를 찾아 ○표 해 보세요.

헌 옷 수거함   패스트 패션   재사용   중고 거래

27 계절이 바뀔 때

💬 나의 생활 살펴보기

- 우리 집 겨울철 한 달 난방비는 어느 정도 나오나요?

- 겨울철(또는 여름철) 실내 온도는 몇 도로 유지하고 있나요?

기온에 맞는 에너지 생활

"며칠 전까지 포근했던 날씨가 내일부터 갑자기 영하 10도로 떨어진다."는 날씨 예보를 접할 때 '지구가 뜨거워진다는데 왜 겨울이 더 추워지지?'라고 의문이 들 수도 있어요. 여름철의 폭염뿐만 아니라 겨울철의 한파, 가뭄과 호우 같은 극단적인 기상이변은 모두 기후 변화의 현상이에요. 우리 몸에 열이 나고 아프면 면역력이 약해져서 여기저기 문제가 발생하는 것처럼 지구도 회복력이 무너져서 빈번하게 문제가 발생하고 있는 것이지요.

추울 때 여러분은 어떻게 하나요? 춥다고 난방을 빵빵하게 틀어놓진 않았나요? 그러나 과도한 난방 에너지 사용은 나도 지구도 더 아프게 하는 행동이에요. 겨울철 실내에서 옷을 적게 입고 난방을 세게 틀면 실내가 건조해지고 실내와 바깥의 온도차가 커져 눈이나 호흡기, 피부 등 건강에 좋지 않은 영향을 끼칠 수 있지요. 따라서 춥다고 난방을 세게 틀어서 덥게 생활하지 않고 실내복을 여러 겹 입는 것이 건강에 더 좋아요. 내복을 입을 경우 약 2.4도의 보온 효과가 발생하므로 그만큼 실내 난방 온도를 낮출 수 있어요.

추운 겨울을 따뜻하게 보내기 위해서는 체열이 손실되지 않게 하기 위해 보온성이 좋은 옷을 입어야 해요. 두꺼운 옷 한 벌보다 얇더라도 여러

겹의 옷을 겹쳐 입는 것이 옷 사이에 공기가 많아져 더 따뜻하지요.

 이런 원리를 이용한 겨울철 패션 용어가 바로 '온맵시'예요. 온맵시는 추운 겨울을 따뜻하게 보내자는 의미의 '온(溫)', 옷을 차려입은 모양새를 의미하는 순 우리말 '맵시'를 합해 만든 말이지요. 편안하고 따뜻한 옷을 입고 실내 난방 온도를 겨울철 적정 온도인 18~20도로 낮춤으로써 온실가스 발생량도 줄이고 지구 온난화도 막는 현명한 겨울나기 방법이에요. 난방비를 아끼는 것은 덤이에요. 외출할 때는 실내복뿐 아니라 외투 안에 조끼와 가디건처럼 얇은 옷들을 겹쳐 입어서 온맵시를 실천해 보세요.

환경 감수성 들여다보기 ● 공공기관에서 요금을 직접 내지 않으니 냉·난방기를 세게 틀어놓는 사람들을 보면 어떤 마음이 드나요? ○표 해 보세요.

> 죄책감   놀람   화남   불편함   책임감

> **🔥 더 알아보기 | 극심한 폭염과 한파를 견디기 힘든 에너지 취약 계층**
>
> 어김없이 찾아오는 계절의 변화를 두려워하는 사람들이 있습니다. 기후 변화로 폭염과 한파가 극심해지고, 자원 고갈로 에너지 요금이 오르면서 생활에 어려움을 겪는 '에너지 취약 계층'이 많아졌습니다. 요금을 내지 못하는 상태가 지속되어 전기나 가스가 끊기는 상황까지 이르게 된 것입니다. 이러한 취약 계층은 주로 신체적 제약이 있어 일상생활이 힘들고, 실내에서 머무는 시간이 길어 에너지 비용을 더 지출할 수밖에 없습니다. 에너지 취약 계층이 갈수록 증가하여 사회적으로 문제가 되고 있기 때문에 우리 주변의 이웃들에게 따뜻한 관심이 필요합니다.

내 생각 쓰기

- 최근 여러 차례에 걸쳐 국내 가스 요금이 오르면서 각 가정에서는 난방비 폭탄을 맞았어요. 전 세계적으로 가스 사용량이 많아져서 점점 자원이 고갈되고 있고요. 만약 난방비를 더 올리면 어떻게 될지, 난방비를 아끼기 위한 방법은 무엇일지 써 보세요.

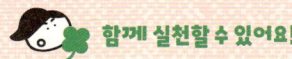

함께 실천할 수 있어요!

무더운 여름에는 시원한 옷차림인 쿨맵시로 체감온도를 낮춰, 여름철 적정 온도인 26~28도로 생활해요.

겨울철에는 따뜻한 물을 자주 마시고, 바깥에 나갈 때는 모자와 목도리를 하여 체온을 따뜻하게 유지해요.

★ 기억에 남는 단어를 찾아 ○표 해 보세요.

기상 이변　폭염　한파　온맵시　쿨맵시　에너지 취약 계층

부록

1 | 환경 문해력 키우기

2 | 환경 일기 쓰기

3 | 환경 감수성 들여다보기

4 | 매일 환경 실천표

1. 환경 문해력 키우기

01 씻을 때

- **상수** ǀ 음료수나 사용수 따위로 쓰기 위하여 수도관을 통하여 보내는 맑은 물.
- **하수** ǀ 빗물이나 집, 공장, 병원 따위에서 쓰고 버리는 더러운 물.
- **물 부족** ǀ 가뭄과 같은 일시적 물 부족과 수자원량의 부재로 인한 물 부족이 있다.
- **낭비** ǀ 시간이나 재물 따위를 헛되이 헤프게 씀.
- **절수** ǀ 물을 아껴서 사용함.

🌱 **환경 문장 만들기**

| 상수   하수   물 부족   낭비   절수 |

✏️ _____

02 요리할 때

- **음식물 처리기** ǀ 소비되고 남은 음식물을 처리하는 기계.
- **잔반** ǀ 먹고 남은 밥.

- **냉장고 파먹기** | 냉장고 속에 보관하고 있던 재료를 활용해 음식을 만들어 먹는 것.
- **유통기한** | 주로 식품 따위의 상품이 시중에 유통될 수 있는 기한.
- **소비기한** | 소비자가 식품을 섭취해도 건강이나 안전에 문제가 없을 것으로 인정되는 기한.

 환경 문장 만들기

| 음식물 처리기 잔반 냉장고 파먹기 유통기한 소비기한 |

03 주방에서

- **열에너지** | 물체의 온도와 관련된 에너지.
- **전기 에너지** | 전류에 의해 발생하는 에너지.
- **에너지 효율** | 투입한 에너지에서 이용 가능한 에너지의 비율.
- **대기 전력** | 전원을 끈 상태에서도 전기제품에서 소비되는 전력.

 환경 문장 만들기

| 열에너지 전기 에너지 에너지 효율 대기 전력 |

04 간식을 먹을 때

- **설탕 중독** | '코르티솔'이라는 호르몬이 원인으로 단맛이 나는 음식을 제어하기 힘든 상태.
- **팜유** | 마가린, 식용유 등에 쓰이는 기름으로, 종려 열매에서 짜낸 기름.
- **가공식품** | 보존과 조리가 간편하도록 농산물, 축산물, 수산물 따위를 인공적으로 처리하여 만든 식품.
- **식품 첨가물** | 식료품을 제조할 때 기호나 영양 가치를 높일 목적으로 첨가하는 물질.
- **유해 물질** | 사람의 건강 또는 생활 환경에 피해를 일으킬 우려가 있는 물질.

🌱 환경 문장 만들기

| 설탕 중독   팜유   가공식품   식품 첨가물   유해 물질 |

05 청소할 때

- **정리 정돈** | 불필요한 것을 선별해서 유용한 것을 가지런히 하는 것.
- **청소도구** | 청소를 할 때 사용하는 도구.
- **합성 세제** | 석유 화학적으로 합성된 세제.
- **천연 세제** | 천연 물질로 만들어진 세제.

환경 문장 만들기

> 정리 정돈   청소도구   합성 세제   천연 세제

06 빨래할 때

- **미세플라스틱** | 5mm 미만 크기의 작은 플라스틱 조각.
- **해양 오염** | 선박이나 해양 시설 따위에서 기름이나 폐기물을 바다에 버려 바다를 더럽히는 일.
- **의류 건조기** | 의류에 있는 물기를 말리는 장치.
- **자연 건조** | 태양열, 바람, 공기 등으로 건조하는 것.
- **애벌빨래** | 뒤에 온전히 빨 양으로 우선 대강하는 빨래.

 환경 문장 만들기

> 미세플라스틱   해양 오염   의류 건조기   자연 건조   애벌빨래

07 화장품을 바를 때

- **전 성분 표시제** | 의약품이나 의약외품에 사용된 모든 성분의 명칭을 표시하도록 한 법.

- **동물 실험** | 과학적 목적을 위하여 동물을 대상으로 실시하는 실험.
- **미세플라스틱** | 5mm 미만 크기의 작은 플라스틱 조각.
- **백화 현상** | 이산화 탄소가 가장 큰 원인으로, 산호초가 하얗게 변해 가는 현상.

🌱 환경 문장 만들기

> 전 성분 표시제   동물 실험   미세플라스틱   백화 현상

✏️

08 화장품을 쓰고 버릴 때

- **재활용 어려움** | 재활용이 어려운 재질과 구조로 된 제품에 부여되는 재활용 등급.
- **플라스틱 어택** | 불필요한 플라스틱 사용을 막기 위해 펼치는 운동.
- **제로웨이스트 상점** | 일회용 포장재를 사용하지 않고 내용물만 판매하는 가게.
- **공병 반납** | 재활용을 위해 빈 병을 다시 가게로 돌려주는 것.

🌱 환경 문장 만들기

> 재활용 어려움   플라스틱 어택   제로웨이스트 상점   공병 반납

✏️

09 산책할 때

- **줍깅(플로깅)** | 조깅을 하면서 쓰레기를 줍는 운동.
- **빗물받이** | 빗물을 하수구로 보내기 위한 장치.
- **친환경 행동 챌린지** | 일상 속에서 환경 보호를 위한 행동을 실천하고 여러 사람에게 퍼져나가는 것.

 환경 문장 만들기

> 줍깅(플로깅)   빗물받이   친환경 행동 챌린지

10 공원이나 숲에서

- **탐조 활동** | 조류의 생태, 서식지 따위를 관찰하고 탐색함.
- **조류 충돌** | 조류와 구조물이 충돌하는 것.
- **야생동물구조센터** | 질병, 부상, 조난당한 야생동물을 구조하고 치료하여 자연으로 돌려보내는 기관.
- **도시 숲** | 사람이 사는 영향을 받는 지역 내에서 자라는 숲.
- **생태 통로** | 도로로 단절된 두 생태계를 연결하기 위해 고가나 지하에 설치한 통로.

 환경 문장 만들기

> 탐조 활동   조류 충돌   야생동물구조센터   도시 숲   생태 통로

🟢11 카페에서

- **일회용 컵** | 종이컵 등 한 번만 사용할 수 있는 컵.
- **텀블러** | 손잡이가 없는 길쭉한 형태의 컵.
- **종이 빨대** | 코팅된 종이로 만들어진 일회용 빨대.
- **환경 정책** | 환경에 대한 정치적 방책.

🌱 환경 문장 만들기

일회용 컵   텀블러   종이 빨대   환경 정책

....

🟢12 마트에서

- **푸드 마일리지** | 농축수산물이 생산된 이후 소비자에게 도달할 때까지 이동한 거리.
- **식량 위기** | 기후 변화로 일어날 식량의 위기 상황.
- **로컬푸드** | 소비자의 인근 지역에서 생산 및 공급되는 농산물.
- **농식품 인증마크** | 우수하고 안전한 농식품에 부여하는 정부의 품질 인증제.

🌱 환경 문장 만들기

| 푸드 마일리지   식량 위기   로컬푸드   농식품 인증마크 |

✏️

---

⑬ 식당에서

- **탄소 배출량** | 이산화 탄소와 같은 탄소 기체들이 대기 중으로 배출되는 양.
- **축산업** | 가축을 기르고 그 생산물을 가공하는 산업.
- **온실가스** | 지구 대기를 오염시켜 온실 효과를 일으키는 가스.
- **메탄가스** | 각종 유기 물질이 분해되면서 나오는 기체.
- **채식** | 고기류를 피하고 식물성 음식 위주로 먹음.

🌱 환경 문장 만들기

| 탄소 배출량   축산업   온실가스   메탄가스   채식 |

✏️

---

⑭ 이동할 때

- **미세먼지** | 대기 중에 떠다니는 눈에 보이지 않을 정도로 작은 먼지.

- **대기 오염** | 인공적으로 배출되어 인간 생활에 나쁜 영향을 주는 매연, 먼지, 일산화 탄소 따위와 같은 물질이 공기와 섞이는 일.
- **대중교통** | 여러 사람이 이용하는 버스, 지하철 따위의 교통.
- **친환경 자동차** | 에너지 소비 효율이 우수하고 무공해 또는 저공해 기준을 충족하는 자동차.

🌱 환경 문장 만들기

| 미세먼지   대기 오염   대중교통   친환경 자동차 |

✏️
_____

15 동물원에서

- **야생 동물** | 산이나 들에서 저절로 나서 자라는 동물.
- **실내 체험동물원** | 동물을 가까이 보고 직접 만지거나 먹이주기 체험 등을 할 수 있도록 만들어 놓은 동물원.
- **동물 복지** | 야생 동물 또는 가축에 대한 당연한 보호.
- **멸종 위기 동물** | 개체수가 매우 적거나 서식지 파괴, 기후 변화 등으로 인해 멸종 위험이 있는 동물.

🌱 환경 문장 만들기

| 야생 동물   실내 체험동물원   동물 복지   멸종 위기 동물 |

✏️
_____

16 스마트폰을 살 때

- **중금속** | 원자량이 큰 금속 원소.
- **개발도상국** | 산업이나 경제 개발이 선진국에 비해 뒤떨어진 나라.
- **전자 폐기물** | 못 쓰게 되어 버린 휴대폰, 컴퓨터, 텔레비전 따위의 전자제품.
- **수리할 권리** | 전자기기 등의 소유자가 직접 제품을 고쳐서 쓸 수 있도록 하는 권리.

🌱 환경 문장 만들기

중금속   개발도상국   전자 폐기물   수리할 권리

✏️

17 스마트폰을 사용할 때

- **데이터 센터** | 컴퓨터 시스템과 통신장비, 저장장치인 스토리지 등이 설치된 시설.
- **디지털 기기** | 음성, 문자, 영상 따위를 디지털 신호로 처리하는 기계.
- **디지털 탄소발자국** | 온라인 활동, 디지털 기기 사용 과정에서 발생하는 온실가스 배출량.
- **디지털 디톡스** | 디지털 중독 치유를 위해 디지털 기기 사용을 중단하고 휴식하는 것.

🌱 **환경 문장 만들기**

| 데이터 센터   디지털 기기   디지털 탄소발자국   디지털 디톡스 |

✏️ _____

18 기념품이나 굿즈를 살 때

- **굿즈** | 연예인 또는 애니메이션과 관련된 파생 상품.
- **그린마케팅** | 자연환경과 생태계 보전을 중시하는 시장 접근 전략 마케팅.
- **그린워싱** | 실제로는 친환경적이지 않지만 마치 친환경적인 것처럼 홍보하는 것.
- **업사이클링(새활용)** | 재활용품에 디자인 또는 활용도를 더해 그 가치를 높인 제품으로 재탄생시키는 것.

🌱 **환경 문장 만들기**

| 굿즈   그린마케팅   그린워싱   업사이클링(새활용) |

✏️ _____

19 장래 희망이 고민일 때

- **그린잡** | 환경을 보호하고 재생시키는 직업.

- **환경적 기여** | 환경에 도움이 되도록 이바지함.
- **환경시민** | 환경에 관심을 가지고 보호하기 위해 노력하는 시민.
- **환경 인플루언서** | 환경 문제를 알리고 환경 보호에 함께 참여할 수 있도록 영향을 주는 사람.

🌱 환경 문장 만들기

> 그린잡   환경적 기여   환경시민   환경 인플루언서

✏️
․․․

⓴ 독서할 때

- **종이책** | 종이로 만든 책.
- **전자책** | 디지털 데이터를 이용해 전자 매체로 볼 수 있는 책.
- **FSC 인증마크** | 국제적 산림관리단체인 FSC가 지속가능하도록 관리된 산림과 그런 산림에서 생산된 목재·비목재 제품의 제조·가공·유통 업체에 부여하는 인증.

🌱 환경 문장 만들기

> 종이책   전자책   FSC 인증마크

✏️
․․․

21 이사할 때

- **생활 폐기물** | 가정에서 발생하는 쓰레기, 시장 쓰레기 등.
- **대형 폐기물** | 종량제 봉투에 들어가지 않는 가구류, 가전제품 등 큰 부피의 쓰레기.
- **쓰레기 종량제** | 폐기물의 처리 비용을 부과함으로써 배출량을 줄이고 재활용품을 분리배출하도록 유도하는 제도.
- **폐가전제품** | 못 쓰게 된 전기 제품.

🌱 환경 문장 만들기

> 생활 폐기물   대형 폐기물   쓰레기 종량제   폐가전제품

22 축제에서

- **불꽃놀이** | 폭죽 따위의 불꽃을 쏘아 올리는 것.
- **소음 공해** | 소음에 의해 사람과 동물이 심리적·신체적 장애를 겪게 되는 공해.
- **빛 공해** | 지나친 인공 조명으로 인한 공해.

🌱 환경 문장 만들기

> 불꽃놀이   소음 공해   빛 공해

23 운동할 때

- **운동 부족** | 신체 활동이 부진한 상태.
- **자연 보호** | 생활 환경으로서의 자연을 파괴되지 않도록 지키려는 일.
- **레포츠** | 여가에 하는 모든 형식의 운동.
- **여가 활동** | 한가로운 시간을 활용하여 어떤 일을 활발히 함.

🌱 환경 문장 만들기

> 운동 부족   자연 보호   레포츠   여가 활동

24 배달음식을 먹을 때

- **배달 쓰레기** | 배달음식을 통해 나오는 플라스틱 용기 등 일회용품 쓰레기.
- **재활용 선별장** | 분리배출한 재활용 폐기물을 활용이 가능한 자원으로 분리 선별하여 활용하는 환경 시설.
- **비헹분섞** | 재활용품을 비우고, 헹궈서, 분리한 후, 섞지 않고 버리는 것.
- **다회용기** | 여러 번 쓰고 버리는 그릇.

🌱 환경 문장 만들기

> 배달 쓰레기   재활용 선별장   비헹분섞   다회용기

25 여행갈 때

- **지속가능한 여행** | 미래를 위해 여행지의 생태계를 보존하며 지역 사회에 긍정적인 영향을 미치는 여행 방식.
- **관광 상품** | 나라나 지역, 마을 등의 자연 경관이나 특산물 따위를 하나의 사업으로 개발한 상품.
- **플뤼그스캄** | 온실가스를 많이 배출하는 비행기 여행의 부끄러움을 의미.
- **탄소중립** | 대기 중 온실가스 농도 증가를 막기 위해 탄소 배출량을 감소시키고 흡수량을 증대해 순배출량이 '0'이 되는 것.

🌱 환경 문장 만들기

| 지속가능한 여행 | 관광 상품 | 플뤼그스캄 | 탄소중립 |

_____

26 옷을 살 때

- **헌 옷 수거함** | 헌 옷을 수거하여 재활용, 분리수거하기 위해 설치된 수거함.
- **패스트 패션** | 최신 유행을 즉각 반영하여 빠르게 제작하고 빠르게 유통시키는 의류.
- **재사용** | 이미 사용한 물건을 다시 씀.
- **중고 거래** | 중고품을 사고 파는 행위.

환경 문장 만들기

> 헌 옷 수거함   패스트 패션   재사용   중고 거래

27 계절이 바뀔 때

- **기상 이변** | 기온이나 강수량 따위가 정상적인 상태를 벗어난 상태.
- **폭염** | 매우 심한 더위.
- **한파** | 겨울철에 기온이 갑자기 내려가는 현상.
- **온맵시** | 에너지 절약을 위한 겨울철 따뜻한 옷차림.
- **쿨맵시** | 에너지 절약을 위한 여름철 시원한 옷차림.
- **에너지 취약 계층** | 경제적인 이유로 적정 수준의 온도를 유지하지 못하는 계층.

 환경 문장 만들기

> 기상 이변   폭염   한파   온맵시   쿨맵시   에너지 취약 계층

2. 환경 일기 쓰기

2024년 12월 31일 화요일 | 날씨 맑음

> 글과 그림으로 환경 일기를 써 보세요.

제목 : 마음이 가벼웠던 포장 음식

우리 동네 '맛나 분식' 떡볶이는 내가 가장 좋아하는 음식 중 하나다. 내가 떡볶이를 먹고 싶다고 하자 엄마는 평소처럼 배달 앱을 켜고 주문을 하려고 하셨다. 아빠와 엄마는 김밥, 동생은 만두를 먹겠다고 했다. 그 순간, 며칠 전 〈환경 마음〉 책에서 본 배달 쓰레기가 생각났다. 일회용 배달 용기가 하루에 1000만 개나 나온다니! 우리 집도 배달을 종종 시켜 먹는 편인데, 뜨끔 했다. 그래서 책에서 본대로 '용기내 챌린지'를 해보겠다고 했다. 처음 해보는 거라 살짝 걱정도 되었지만, 가게 아주머니께서 기특하다며 떡볶이를 더 담아주셨다! 그릇에 따뜻하게 담아 온 음식은 더 맛있게 느껴졌다. 다 먹고 나니 엄마는 쓰레기가 나오지 않아 마음이 가볍다고 하셨다. 다음에도 또 용기를 내야겠다!

> 오늘 책에서 읽거나 일기와 관련있는 환경 이야기를 적어 보아요.

기억에 남는 환경 이야기 : 24 배달음식을 먹을 때

환경 감수성 | 오늘의 환경 실천

뿌듯함

배달 쓰레기 만들지 않기

> 오늘의 마음을 적고 별의 개수로 마음을 표시해요.

> 오늘 실천한 환경 활동을 써요. 작은 활동이라도 좋아요. 환경을 관찰한 내용도 좋아요.

✏️ 환경 일기를 써요.

| 년 월 일 요일 | 날씨 |

제목 :

기억에 남는 환경 이야기 :

| 환경 감수성 | 오늘의 환경 실천 |

☆☆☆☆☆

✏️ **환경 그림 일기를 써요.**

　　　　　년　　월　　일　　요일　｜　날씨

제목 :

기억에 남는 환경 이야기 :

환경 감수성　　　　　　　｜　오늘의 환경 실천

⭐⭐⭐⭐⭐

🌱 환경 감수성 들여다보기 🌱

환경 이야기를 읽으며 느낀 감정을 생각해 보세요.

기대됨	외로움	불편함
후회스러움	미안함	걱정됨
화남	안타까움	무관심
만족스러움	불안함	두려움
귀찮음	놀라움	뿌듯함
슬픔	아쉬움	부끄러움
궁금함	자신감	개운함

🌱 매일 환경 실천표 🌱

매일매일 환경 이야기를 읽거나 환경 실천을 한 후 표를 채워 보세요.

1	2	3	4	5
6	7	8	9	10
11	12	13	14	15
16	17	18	19	20
21	22	23	24	25
26	27			